事业单位人事管理研究与实践探索

包晓琳 ◎著

图书在版编目（CIP）数据

事业单位人事管理研究与实践探索 / 包晓琳著. --北京：中国书籍出版社, 2024.6
ISBN 978-7-5068-9767-9

Ⅰ.①事… Ⅱ.①包… Ⅲ.①行政事业单位—人事管理—研究—中国 Ⅳ.①D630.3

中国国家版本馆CIP数据核字(2024)第107599号

事业单位人事管理研究与实践探索
包晓琳　著

图书策划	邹　浩
责任编辑	李　新
责任印制	孙马飞　马　芝
封面设计	博建时代
出版发行	中国书籍出版社
地　　址	北京市丰台区三路居路97号（邮编：100073）
电　　话	（010）52257143（总编室）　　（010）52257140（发行部）
电子邮箱	eo@chinabp.com.cn
经　　销	全国新华书店
印　　厂	晟德(天津)印刷有限公司
开　　本	710毫米×1000毫米　1/16
印　　张	12.75
字　　数	212千字
版　　次	2025年1月第1版
印　　次	2025年1月第1次印刷
书　　号	ISBN 978-7-5068-9767-9
定　　价	78.00元

版权所有　翻印必究

前　言

随着事业单位分类改革的深入推进，我国事业单位的人事管理工作已经取得了显著成效。优化事业单位人事管理体系，激发工作人员积极性、主动性和创造性，对于提升事业单位管理效能，增强发展活力，进而提高社会公共服务质量具有重大意义。然而，当前事业单位人事管理在某些方面仍未能满足深化改革发展的需求。因此，我们有必要借鉴人力资源管理相关理论，识别存在的问题与不足，探索优化路径，以促进事业单位人事管理质量持续提升。

本书将事业单位人事管理的核心要素作为主线，以事业单位概述、事业单位人事管理条例、事业单位人事管理的原理为切入点，进而探索事业单位人事制度改革历程及存在的问题，并提出发展对策，接着详细探讨了事业单位编制管理与编外用工、事业单位人员聘用与岗位管理、事业单位公开招聘与选拔任用、事业单位人员考核与激励制度、事业单位工资制度与社会保险、事业单位职称评聘与教育培训的相关内容，最后研究事业单位人事管理实践与信息化建设。

本书致力于剖析我国现阶段事业单位人事管理的现状、面临的问题和挑战，并探寻切实可行的解决策略。希望通过理论研究和实践探索，为从事事业单位人事管理的专业人员和对此领域感兴趣的读者，提供有价值的思路和经验，帮助他们更全面地理解和应对事业单位人事管理的复杂性和变化。

本书在撰写过程中参考和借鉴了许多国内外相关领域的著作和论文，在此向相关作者表示衷心的感谢！由于个人研究水平的局限，书中难免存在一些疏漏与不妥之处，还请广大读者不吝指教，以便后续的修订与完善。

目 录

绪 论 1

 一、事业单位概述 1

 二、事业单位人事管理条例 5

 三、事业单位人事管理的原理 9

第一章 事业单位人事制度改革探索 17

 第一节 事业单位人事制度的改革历程 17

 第二节 事业单位人事制度改革问题探析 19

 第三节 事业单位人事制度改革的发展对策 27

第二章 事业单位编制管理与编外用工 37

 第一节 事业单位编制管理概述 37

 第二节 事业单位编制管理问题探析 43

 第三节 事业单位编制管理的对策研究 47

 第四节 事业单位编外人员管理问题与对策研究 55

第三章 事业单位岗位设置与岗位聘用 61

 第一节 事业单位岗位设置概述 61

 第二节 事业单位岗位聘用制的发展 71

 第三节 事业单位岗位设置与聘用问题及对策研究 78

第四章 事业单位公开招聘与选拔任用 82

 第一节 事业单位公开招聘概述 82

1

第二节　事业单位公开招聘的结构化面试应用 …………… 88

第三节　事业单位公开招聘人岗匹配度的提升策略 …………… 92

第四节　事业单位干部选拔任用工作思考 …………… 95

第五章　事业单位绩效考核与教育培训 …………… 105

第一节　事业单位绩效考核概述 …………… 105

第二节　事业单位绩效考核的方法及流程 …………… 108

第三节　事业单位绩效考核效力的提高策略 …………… 113

第四节　事业单位干部教育培训机制的建立 …………… 120

第六章　事业单位工资福利与社会保险 …………… 123

第一节　事业单位工资福利制度概述 …………… 123

第二节　事业单位养老保险并轨与职业年金制度 …………… 134

第三节　事业单位激励机制的建立 …………… 150

第七章　事业单位职称评定与聘任制度 …………… 158

第一节　事业单位职称评定与聘任概述 …………… 158

第二节　事业单位职称评定与聘任面临的困境 …………… 161

第三节　事业单位职称评定与聘任的改革措施研究 …………… 165

第八章　事业单位人事管理实践与信息化建设 …………… 174

第一节　教育事业单位人事管理 …………… 174

第二节　科研事业单位人事管理 …………… 180

第三节　文化事业单位人事管理 …………… 183

第四节　事业单位人事管理信息化建设 …………… 188

参考文献 …………… 195

绪　论

一、事业单位概述

(一) 事业单位的含义

事业单位是指国家为了社会公益目的，由国家机关举办或者其他组织利用国有资产举办的，从事教育、科技、文化、卫生等活动的社会服务组织。

事业单位一般要接受国家行政机关的领导，要有其组织或机构的表现形式，要成为法人实体。从目前情况来看，事业单位绝大部分由国家出资建立，大多为行政单位的下属机构，也有一部分由民间建立，或由企业集团建立。事业单位有以下特征：一是不以营利为目的；二是财政及其他单位拨入的资金主要不以经济利益的获取为回报。

我国的事业单位在功能上对应国外的是非营利组织（NPO）、非政府组织（NGO）。国外的这些组织是社会自治组织，而在我国，事业单位和政府的关系比较密切。这种不同点，有些是社会制度不同造成的，有的是由于我国的社会自治能力不足造成的。

(二) 事业单位的分类

长期以来，我国事业单位发展相对滞后，一些事业单位功能定位不清，政事不分、事企不分，机制不活；事业单位社会公益服务供给总量不足，供给方式单一，资源配置不合理，质量和效率不高。2012年4月，《中共中央　国务院关于分类推进事业单位改革的指导意见》出台，新一轮事业单位分类改革拉开了帷幕。

事业单位分类改革按照政事分开、事企分开和管办分离的要求，以促进公益事业发展为目的，以科学分类为基础，以深化体制机制改革为核心，实行事业单位分类改革，将现有事业单位划分为三个类别：对承担行政职能的，逐步将其行政职能划归行政机构或转为行政机构；对从事生产经营活动的，逐步将其转为企业；对从事公益服务的，继续将其保留在事业单位序列，并强化其公益属性。今后，不再批准设立承担行政职能的事业单位和从事生产经营活动的事业单位。

根据职责任务、服务对象和资源配置方式等情况，将从事公益服务的事业单位细分为两类：承担义务教育、基础性科研、公共文化、公共卫生及基层的基本医疗服务等基本公益服务，不能或不宜由市场配置资源的，划入公益一类；承担高等教育、非营利医疗等公益服务，可部分由市场配置资源的，划入公益二类。具体由各地结合实际研究确定。下面据此展开分析。

1. 公益一类事业单位

公益一类事业单位应同时具备以下三个条件：面向社会提供基本公益服务或仅为机关行使职能提供支持和保障；不能或不宜由市场配置资源；不得从事经营活动，其宗旨、业务范围和服务规范由国家确定。具体包括：

义务教育类：义务教育、特殊教育、党校、行政学院、社会主义学院、公益性宣教（党员电化教育）等。

科研类：基础性或社会公益性科研、政策研究、公共科普服务等。

文体类：公共图书馆、档案馆、博物馆、纪念馆（烈士陵园）、公共美术馆、科技馆、群众艺术馆、文物考古、文物保护、文献情报、出版物审读、广电信号传输和技术监测、视听节目审查、基层公共文化服务、体育运动项目管理等。

卫生类：疾病（疫病）预防控制、健康教育及保健服务、采供血服务、应急救治服务、计划生育服务、政府举办的社区卫生服务、乡镇卫生院等。

社会保障类：社会保障经办、公积金管理、社会救助服务、优抚安置服务、社会福利管理、公益性残疾人康复、公共就业服务、老龄妇幼服务、婚姻登记、专家服务、慈善服务等。

公共安全类：人工影响天气、防汛抗旱防火、灾害防治救援、应急指挥救援、无线电监测、人防指挥保障、信息安全测评、民防安全、重要或应急物资储备等。

社会经济服务类：基础测绘、公益性地质调查、经济社会调查、标准质量服务、强制性检验检疫、渔业船舶检验、植物检疫、林业有害生物防治检疫、纤维检验（棉花质量监督）、农机安全监理、食品药品检验检测、地震监测、环境监测、网络监测、气象预测等。

行政保障类：地方志和党史、电子政务、政府资金和项目管理、政府采购、财政资金评审支付、招投标管理、举报投诉维权、考试管理、仲裁服务、自然资源保护、水文（水资源）管理、农村经济管理、集体经济管理、种子管理、房屋征收与补偿、涉军服务、统计服务、审计服务、铁路建设管理、政府部门驻外省市联络服务等。

行政执法类：能源利用监测、质量监督管理、国土监察、环境监察、安全生产监察、劳动保障监察、农业技术推广服务、城市综合管理、农业监察、林业监察、水利监察、食品药品监察、卫生监督管理、水土保持监督管理、建设工程质量监督管理、核与辐射安全监督等。

2. 公益二类事业单位

公益二类事业单位应同时具备以下三个条件：面向社会提供公益服务或主要为机关行使职能提供支持和保障，并可部分由市场配置资源；按照国家确定的公益目标和相关标准开展活动；在确保公益目标的前提下，可依据相关法律法规提供与主业相关的服务，收益的使用按照国家有关规定执行。主要包括：

教育类：普通高中、普通高校、研究生院、技工技师职业院校、电大函授及远程教育、幼儿园、少年宫等。

科研类：基础应用科研、农林示范基地、种苗良种培育等。

文体类：时政类报刊社、电台电视台、国家确定需要扶持的文艺院团、文化宫、公园、体育场馆、体育训练基地等。

卫生类：非营利医疗、职业病疗养等。

社会经济服务类：公益性信息咨询、公益性水利工程管护、质量监督技术服务、公益性规划、地质勘查、农业种畜服务、票证制作发放、政府确定保留的公益性公证服务、人才交流管理与指导、对外交流促进、彩票发行管理、殡葬服务等。

(三) 事业单位的性质和宗旨

事业单位是相对于企业单位而言的。它们不以营利为目的，是国家机构的分支。

事业单位是以公益服务为宗旨的一些公益性单位、非公益性职能部门等。它参与社会事务管理，履行管理和服务职能，宗旨是为社会服务，主要从事教育、科技、文化、卫生等活动。

（四）事业单位的特征

1. 事业单位的基本特征

第一，依法设立。事业单位的设立，应区分不同情况由法定审批机关批准、依法登记，或者依照法律规定直接进行法人登记。

第二，从事公益服务。事业单位从事的是教育、科技、文化、卫生等涉及人民群众公共利益的服务活动，一般不履行行政管理职能。

第三，不以营利为目的。事业单位一般不从事生产经营活动，经费来源有的需要财政完全保证，有的可通过从事一些经批准的服务活动取得部分收入，但取得的收入只能用于事业单位的再发展，不得用于管理层和职员分红等。

第四，社会组织。事业单位是组织机构而不是个人，要有自己的名称、组织机构和场所，有与其业务活动相适应的从业人员和经费来源，能够独立承担民事责任。

2. 事业单位的功能特征

第一，服务性。服务性是事业单位最基本、最鲜明的特征。事业单位主要分布在教、科、文、卫等领域，是保障国家政治、经济、文化生活正常进行的社会服务支持系统。

第二，公益性。公益性是由事业单位的社会功能和市场经济体制的要求决定的。在一些领域，某些产品或服务，如教育、卫生、基础研究、市政管理等，不能或无法由市场来提供，要由政府组织、管理或者委托社会公共服务机构从事社会公共产品的生产，以满足社会发展和公众的需求。

第三，知识密集性。绝大多数事业单位是以脑力劳动为主体的知识密集性组织，专业人才是事业单位的主要构成人员。利用科技文化知识为社会各方面提供服务是事业单位的主要手段。

二、事业单位人事管理条例

2014年4月25日，中华人民共和国国务院令第652号下发《事业单位人事管理条例》（以下简称《条例》），于2014年7月1日起正式实施。《条例》是我国首部系统规范事业单位人事管理的行政法规，对事业单位普遍适用的人事管理制度从国家法律层面作了规定，是做好事业单位人事管理工作的基本依据和准则。从此事业单位的人事管理工作将有法可依，同时也必将对未来深化事业单位改革以及发展产生深远影响。

（一）《条例》概要

《条例》共分为十章四十四条，条例适应事业单位改革发展的新形势新要求，分别对事业单位岗位设置、公开招聘和竞聘上岗、聘用合同、考核培训、奖励处分、工资社保、人事争议处理等人事管理主要环节均作出了明确规定，确立了事业单位人事管理的基本制度。《条例》的出台必将进一步推进事业单位改革和事业单位人事管理制度改革，对于规范事业单位管理，提高事业单位人力资源管理效能，保障事业单位工作人员合法权益，建设高素质事业单位工作人员队伍，形成能进能出、能上能下的用人机制，促进提升事业单位公益服务质量，增强事业单位公益属性，让人民群众享受更加优质高效的公共、公益服务具有重要促进作用。

（二）《条例》制定的必要性

事业单位在我国社会经济发展中发挥了积极的作用，但随着我国干部人事制度改革的进一步深入，事业单位也面临着严峻挑战。长期存在的用人机制上存在能进不能出、能上不能下的用人机制模糊了事业单位和行政机关的性质。事业单位工作人员聘用合同的订立、履行、解除、终止，缺乏统一的可操作性的做法，损害了事业单位职工的合法权益；事业单位管理缺乏有效、富有激励性的保障机制；事业单位人事争议缺乏合法的处理机制，使一些隐性矛盾存在激化的可能。一些事业单位借口公益性质，而行不当之非法行为，使事业单位为"污名化"所笼罩。而一些"自收自支"的事业单位也成为违法行政的借口，其危害性是不容低估的。一些地区借用区域协调发展的战略谋划大好时机，借口扶持经济发展成立了许多名目不等的事业单位，新成立的事业单位又权力过大，政企不分，成为"权力寻租"的工具。这不仅和事业单位设立的初衷有违，也不适应我国依法治国的战略。因此，适时出台的《条例》必将实现"规范事业单位的人事管理，保障事业单位工作人员的合法权益，建设高素质的事业单位工作人员队伍，促进公共服务发展"的目标。只有这样，事业单位才能在我国"四个全面"（全面建成小康社会、全面深化改革、全面依法治国、全面从严治党战略的进程中发挥积极的作用。

（三）《条例》的制定带来的重要影响

1. 全面推行岗位管理

《条例》第二章岗位设置内容中第五条提出国家建立事业单位岗位管理制度，明确岗位类别和等级。这从法律层面明确了事业单位要做好岗位设置管理工作，并全面推行岗位管理。事业单位需深入实施岗位管理、合同管理，促进事业单位人员由身份管理向岗位管理转变，实现人员能上能下，待遇能高能低，岗变薪变。事业单位务必要加强岗位设置管理、实施，并深入、全面贯彻落实国家关于岗位管理的政策、规定，符合国家法律规定。

2. 公开招聘、竞聘上岗

《条例》实施后，事业单位除国家政策性安置、按照人事管理权限由上级任命、涉密岗位等人员以外，新招聘人员须面向社会公开招聘。事业单位内部产生的岗位人选需经过竞聘上岗，从而实现了事业单位人员能上能下的竞争性选拔方式，进一步规范了事业单位招人、选人、用人程序，这将有利于优秀人才脱颖而出，有利于增强事业单位用人机制活力，有利于事业单位全面推行聘用制度和岗位管理制度。

3. 促进事业单位人事制度改革

《条例》第十二条规定事业单位应与工作人员订立聘用合同，期限一般不低于3年。事业单位实行聘用制后，明确了事业单位聘用合同的订立、履行、解除、终止，此举推动了事业单位工作人员由终身制向聘用制转变，打破了多年来的事业单位固定用工制度，进一步规范了事业单位人员按岗聘用、合同管理制度，搞活了用人机制，实现了事业单位人员能进能出，在人事关系出现争议时也有了法理依据。

4. 考核工作绩效、实施绩效工资

《条例》第二十条和第三十二条分别规定事业单位应当根据聘用合同规定的岗位职责任务，重点考核工作人员的工作绩效；事业单位工作人员的工资包括基本工资、绩效工资和津贴补贴。这预示着事业单位工作人员工资将由固定工资向绩效工资转变，不再是干多干少一个样、干好干坏一个样，彻底打破"大锅饭"制。

(四) 关于《条例》的几点思考

《条例》的颁布实施对于事业单位的改革、发展具有里程碑式意义，为事业单位改革尤其是人事制度改革指明了方向，对事业单位管理体制改革、用人机制转换提供了法律依据，这必将极大促进事业单位改革、发展进程，有力增强事业单位公益属性，有利于提高事业单位公益服务能力。

1. 注重顶层设计、加强岗位管理

在事业单位推行岗位设置管理，将是一个长期的系统工程，不可能一蹴而就，但当前需要事业单位积极实施，切实迈出岗位管理改革的步伐。在具体实施过程中，领导层要注重顶层设计，从单位实际出发，按照科学合理、精简效能的原则进行岗位设置，坚持按需设岗、竞聘上岗、按岗聘用、合同管理，从而逐步推进，使岗位管理适应组织的发展目标，最终达成组织的战略发展目标。在整个组织结构和岗位体系建立的过程中要充分考虑上述岗位设置原则，做到人岗匹配，人尽其责，人尽其才，逐步形成合理、科学的组织结构、岗位体系，最大程度地发挥组织效能，实现事业单位发展战略目标。

2. 努力实现三个转变

事业单位要依据《条例》认真思考、主动作为、积极谋划事业单位改革和人事制度改革，努力实现事业单位人员从身份管理向岗位管理转变、从终身制向聘用合同制转变、从固定工资向绩效工作转变。事业单位人员需转变思想、更新观念，适应事业单位改革发展总要求，为事业单位发展做出应有的贡献。

3. 全面深入推行岗位设置管理

事业单位全面推行岗位设置管理是推进事业单位改革的有效载体。现行事业单位须以人事条例实施为契机，在现有基础上进一步深化岗位设置管理，严格按事业单位的管理、专技、工勤三个岗位类别、级别、职数进行岗位设置管理，以转换用人机制和搞活用人制度为核心，以健全聘用制度和岗位管理制度为重点，打破传统体制，打破身份界限，建立起权责清晰、分类科学、机制灵活、监管有力的人事岗位管理制度。

4. 有利于积极推行事业单位聘用制

《条例》关于事业单位聘用制的相关规定统一了事业单位人员聘用合同的订立、履行、解除、终止，开启了事业单位用人聘用制的转换，由过去的固定、终身用人，到现在的合同用人，用合同以法律形式规范了事业单位的用人机制。这为事业单位推行科学的聘用制度、岗位管理制度奠定了基础，避免了人为因素的过多干预，从制度上、法律上保障了事业单位聘用制的有序推行。

5. 招聘录用新员工更加规范

《条例》规定，事业单位新进人员必须公开招聘，并规定了严格的招聘程序。当前，事业单位新进人员公开招聘工作已经在全国范围内基本实现全覆盖，已初步建立了民主、公开、竞争、择优选拔新进人员的制度框架。今后事业单位新招聘工作人员必须面向社会公开招聘，这在一定程度上避免了"萝卜招聘""内部招聘""近亲繁殖"等问题的出现，促进了人员招聘的公开、公正，事业单位需严把人员入口关，真正把适合的、优秀的人才招进事业单位里来，切实、逐步提高事业单位人员综合素质，为事业单位科学、持续发展提供强有力的人才支撑和保障。

6. 积极推行绩效管理

人事条例中明确事业单位应当根据聘用合同规定的岗位职责任务，重点考核工作人员的工作绩效。由此，事业单位今后需不断探索、深入研究，积极推行绩效管理制度，逐步建立起科学合理、结构完整、覆盖全面、管理规范、突出岗位绩效的事业单位绩效管理制度，为开展职工绩效考核奠定基础。事业单位需大力推行绩效管理，实施绩效考核，员工兑现绩效工资，要重点体现出岗位职责、工作业绩、实际贡献等因素，真正发挥绩效工资的正面导向和激励作用，充分调动职工的积极性、主动性、创造性。

7. 完善考核办法

人事条例中明确规定事业单位职工的考核分为平时考核、年度考核和聘期考核，考核还应注意听取服务单位的意见和评价。事业单位需改变以往"德、能、勤、绩、廉"的单一考核模式，需依据条例进一步完善考核制度，探索真正建立起适合事业单位特点、岗位特点，使工作绩效与岗位激励相结合的考核办法。

我们深信，《条例》的颁布实施必将大力促进事业单位人事制度改革，切实保障事业单位科学发展，迸发出生机活力和内生动力，助推实现中国梦。同时，事业单位改革之路也必然充满困难与挑战、矛盾与问题，改革之路任重而道远，需要在国家层面统筹领导、协调、组织，全体事业单位长期不懈努力探索、实践，方能实现改革之成功，方能真正增强事业单位的社会公益属性。

三、事业单位人事管理的原理

（一）事业单位人事管理的重要性

人事管理是以建立科学的制度，对单位内部的干部职工开展技能训练、素能培养、人员管理、绩效考核和工资管理等工作。人事管理可以通过单位干部职工的思想、心理、履职状态进行动态引导和控制，实现人岗匹配、职责与能力匹配，以期充分发掘人的潜力，不断提高事业单位的公共服务能力和水平。具体而言，事业单位人事管理的重要性主要表现在以下方面：

一是有利于促进事业单位创新发展。我国事业单位进入深化改革阶段，进入改革的深水区，单位逐渐取消编制管理，向公开招聘和竞聘上岗转变，合同聘用制度成为未来方向，干部职工工资实现绩效制度管理，这些改革必然要求事业单位的人事管理进行改变，以适应事业单位体制改革的基本要求。

二是有利于提高事业单位服务效能。通过人事管理的绩效考核、组织管理等措施实施，能够激发干部职工的工作积极性，促进单位高效优质运行，为社会大众提供更加有效的公共服务。

三是有利于提高干部职工整体素能。人事管理核心的工作就是对干部职工进行绩效考核和队伍培训，正反向激励干部职工的上进心和提高专业水平和职业能力。

（二）事业单位人事管理的相关原理

1. 要素有用原理

组织中每个成员都是有用的，就看我们怎么使用。每个人只要能放在一个与其能力和愿望相匹配的地方，就能发挥其价值。也就是说，当组织中某个成员工作绩效不高的时候，我们首先应该考虑是否把他安置在合适的岗位上，再进一步考察他在工作中的表现。

我们可以从以下三个方面来理解要素有用原理：

第一，人才的任用需要一定的环境，包括知遇和政策。知遇是说要有伯乐式的领导者对人才任用所发挥的关键作用。政策是指具体的人力资源使用政策，如"公开招聘""竞争上岗"等政策，这样可以使许多人才走上更高的岗位，甚至领导岗位。

第二，人的素质往往呈现复杂的双向性。如一向认真的人也会马虎，坚强的人也会有胆怯，懦弱的人也会铤而走险，等等。这给了解人、用其所长以及发现和任用人才增加了许多困难，要求人事管理者知人善任。

第三，人的素质往往在肯定中包含着否定，否定中包含着肯定。优点和缺点共存，失误往往掩盖着成功的因素。各种素质的模糊集合使人的特征呈现出千姿百态，形成"横看成岭侧成峰，远近高低各不同"的现象。一个优秀的领导者应当成为善于捕捉每个人身上的闪光点并加以利用的伯乐。人事管理的问题本质上就是管理者怎么用人的问题。

2. 同素异构原理

同素异构原理来自化学中的一个原理，意思是指事物成分因排列次序和结构上的变化而引起不同的结果甚至发生质的变化。把自然界的同素异构原理移植到人力资源开发与管理领域，意思是指用同样数量的人，用不同的组织网络连接起来，形成不同的权资结构和协作关系，达到正确处理劳动者之间的关系，充分发挥每个劳动者的技能、专长和积极性、创造性，这样便取得了完全不同的效果，即优化组合人力资源。利用系统理论分析，组织结构的作用是使人力资源形成一个有机整体，使之有效地发挥整体功能大于个体功能之和的优势。

该原理提示我们，人的很多能力都是在特定的环境和条件下表现出来的。能力不是单一的，需要在团队中与不同能力的人组合在一起从而表现出其能力；能力不是平面的，处于不同的管理层次展现的能力层级是不同的。现代管理学认为，组织能力本身也是一种资本。我们进一步认定：结构决定功能。同素异构要求从结构角度入手考虑人员的组合。

3. 激励强化原理

人的思想感情对其潜力的发挥至关重要。激励可以调动人的主观能动性，强化期望行为，从而显著地提高劳动生产率。这就叫作激励强化原理。根据这一原理，对人力资源的开发与管理，除了应注意人在数量上的调配外，更应注意对人的动机的激发。这里的关键是设置目标，目标应该符合企业总体目标的要求，又包含较多的个人需要，既具有一定的挑战性，也在一定程度上存在实现的可能性。目标管理可激励组织成员能动地工作。此外，及时的鼓励和绩效承认也将在很大程度上起到对被管理对象的激励作用。

人们的行为由动机决定和支配，动机则是在需要的基础上产生；每一需要满足的程度将引起新的需要的产生。具有能动性是人力资源与其他资源相区别的一个显著特征，激励是调动人力资源能动性的基本措施。激励一方面使人得到了尊重，另一方面使人得到了行动的动力。激励的关键是把握人的需求，人的欲望是动态变化的，是有层级的，只有成功地把握被激励对象的兴趣，才能进行科学的激励，才能强化行为人的行为或刺激我们需要的行为的发生。

4. 互补增值原理

人作为个体，不可能十全十美，而是各有长短。但我们的工作往往是群体承担的，作为群体，完全可以通过个体间取长补短而形成整体优势，达到组织目标，这就是互补原理。互补的目的是获得整体大于局部之和的结果，实现人力资源的增值。

互补的内容主要包括：知识互补、能力互补、性格互补、年龄互补、关系互补和性别互补。若个体在知识领域、知识的深度和广度上实现互补，那么整个集体的知识结构就比较全面、合理。若个体在能力类型、能力大小方面实现互补，那么整个集体的能力就比较全面，在各种能力上都可以形成优势，这种集体的能力结构就比较合理。若每个个体各自具有不同的性格特点而具有互补性，比如：有人内向，有人外向；有人急躁，有人冷静；有人激烈，有人温和；有人直爽，有人含蓄，等等。那么，作为一个整体而言，这个集体就易于形成良好的人际关系，并具有胜任处理各类问题的良好的性格结构。员工的年龄不仅与人的体力、智力有关，也与人的经验和心理有关。一个集体，根据其承担任务的性质和要求，都有一个合适的员工年龄结构，既可以在体力、智力、经验、心理上进行互补，又可以实现人力资源的新陈代谢，焕发出持久的活力。每个员工都有自己特殊的社会关系，包括亲戚、朋友、同学、同乡，以及师傅、徒弟、师兄弟、老上级、老部下、老同事，等等。如果个人的社会关系重合不多，具有较强的互补性，那么从整体上看，就易于形成集体的社会关系优势。从性别角度看，女性较为细心和有耐心，男性则较为粗犷和坚强，男女性别的合理搭配，可以带来互补的优势。

互补增值原理体现出组织构建团队的思想，只有团队中成员依据互补增值原理配置，团队才有战斗力，否则，团队就成了"团伙"。

5. 弹性冗余原理

弹性冗余原理是指在人事管理过程中必须留有余地，保持合理弹性，一方面使人感觉工作紧张，有压力，另一方面又感觉还有潜力和余力。也就是人的工作状态处于合理的"度"的状态。这个度包括体力劳动强度、脑力劳动强度、劳动时间强度和工作目标强度。

工作中过分紧张，压力便转化为压抑，而太过轻松又使人丧失斗志，缺乏战斗力。这些都不是弹性冗余的要求。

现代社会人们普遍感觉压力大，工作状态呈现出疲惫特征。弹性冗余原理要求我们始终让相关人员处于有活力的状态，有能力、有潜力、有余力完成需要完成的工作。

6. 能力成长原理

能力成长原理认为，尽管不同的人，其能力成长具有不同的特点，相同的人在不同的阶段，其能力成长也具有不同的特点，但是，能力成长还是具有一定的规律性。

人的能力的成长与年龄变化、智力成长速度、知识及经验积累程度密切相关，并呈现出不同的变化特点。

首先，是年龄与能力成长的关系。一个人刚出生时，其能力很低；随着年龄的增长，个人能力也会不断地增长，但增长到一定程度以后，个人能力将不再增长，并逐渐出现能力衰减的趋势；到一个人死亡时，其能力也就完全失去。这就提示我们：需要构建组织员工合理的年龄结构，也就是我们常说的老中青结合。当然，不同行业、不同岗位对年龄的要求是不一样的。

其次，是智力与能力成长的关系。一个人的智力决定一个人的能力，智力的成长速度决定能力的成长速度，智力的结构决定能力的结构。一个人的智力高于另一个人，并非表明其能力一定高于另一个人，因为智力转化成能力需要过程，还会受到各种因素的制约。现实中用人，如果无法判断用谁，最简单的方法就是智力测验，用智力高的人风险较小。

再次，是知识与能力成长的关系。一个人的知识总量越多，其具有的能力、潜力就越大；一个人的知识增长越快，其能力成长也就越快。反过来，一个人的能力高，有助于其掌握更多的知识并进一步将知识转化为能力，从而形成知识与能力的良性互动。但是，个人的知识总量及其增长速度总受到智力的制约，没有智力就不可能掌握知识。在招聘的时候，我们可以通过笔试的方法对应聘者的知识进行测验，也可以通过验文凭检测其理解知识的水平。

最后，是经验与能力的关系。经验与能力成长之间的关系是一种曲线关系：一个人的能力会随着经验的积累而不断增加。但是，当一个人经验积累到一定程度以后，就不一定促进能力的成长，因为经验积累过度后，会使个人形成思维定式，降低个人吸收新知识的欲望。当然，也有例外。经验与能力是否完全呈现出正向关系，其根本就在于创新思维及创新能力。克服能力及经验惰性是提升经验对能力正向作用的关键。总体情形是，经验与能力之间呈边际效益递减。在管理中我们必须突破惰性，培养新鲜血液、积极从外部引进人才都将是打破自身的经验惰性的重要路径。

能力成长原理告诉我们，用人时要更多地关注其可能的潜力，不是只用他的今天，因为今天正在消失。我们关注的他的成长，关注他是否具有成长潜力以及成长成本是否是我们所能承受的就成为我们选人、育人和用人的依据。

7. 能力实现原理

人才的核心是人身上所拥有的能力，而人事管理关注的则是能力实现的程度，能力实现就成为人事管理的基本原理。

按照能力所处的状态，能力可以分为潜在能力和现实能力，潜在能力转化为现实能力，就是能力实现问题。能力的实现与激励程度、工作压力以及职位能力要求有密切的关系。

能力只是一种客观存在，只有将能力表现在行为中才能由能力创造出效益。潜在能力的发挥与激励程度存在着十分密切的关系。也就是说，对一个人采取的激励措施越有力，其发挥潜在能力的积极性越大，从而使能力实现的程度越高。这里要特别强调两点：

其一，能力实现与激励程度密切相关，但二者不是简单的线性关系。即使没有激励，个人能力也能得到一定程度的实现；当从无激励到有激励时，个人能力的实现程度就有一个很大程度的提高。随着激励的不断增强，个人能力实现程度也在不断增加。但是，当激励程度达到某一临界值后，能力实现的程度、提高的速度将逐渐放慢。甚至到原有激励措施提高到一定程度时，能力实现程度反而有所下降。其原因就在于人的欲望是呈现螺旋式上升状态，激励措施边际效益递减。

其二，能力实现程度与个人获得激励预期密切相关。即当一个人认为自己能够通过努力获得激励的预期越肯定，其发挥潜在能力的积极性就越高，从而能力实现程度就越高。当一个人认为自己根本不可能通过努力获得激励（获得激励的预期为零）时，这个人几乎不可能发挥潜在能力，能力实现程度就很低。许多管理者都用许诺来刺激员工努力就是对此原理的运用。不论怎样激励，人的能力的发挥都存在相对的极限。且一旦预期落空，人的能力实现程度就可能大大不如没有激励。

如果人潜在能力与其所在的岗位相适应，则能力实现程度较高，反之较低。管理者需要注意的是，能力高低无所谓，最重要的是其在现实中可能实现的能力，只有实现的能力才可以给我们创造财富。创造良好的环境、促进人的能力发挥是现代人事管理关注的焦点。

8. 能力岗位匹配原理

不同的岗位对能力有不同的要求，岗位对能力的要求既包括总量的要求，也包括结构的要求；一个人的能力不同，适应的岗位类别不同，对岗位难易程度的要求不同。因此，必须使能力与岗位之间保持良好的匹配关系，这种匹配关系是一种动态的匹配。

应用能力岗位匹配有一个关键问题：是从人的能力出发要求实现将恰当的人放在合适的位置上，还是从岗位的要求出发使得每一岗位的人都有与其要求相对应的人。从市场竞争角度看，应该考虑依照岗位的要求；但从管理发挥人的能动性出发，则需要考虑的是合理地安排人。

能力岗位之间的匹配是相对的，不匹配是绝对的。应用能力岗位匹配原理就是看是否将人的能力的发挥或是岗位要求放在更为主动的位置上，以促进人事管理。

从人的能力出发，一定的能力对应了一定的责、权、利，这是其能力责任范围；一定岗位也对应了一定的责、权、利，这是岗位责任的范围。从人的角度出发所界定的能力对应的责、权、利与岗位所对应的责、权、利二者重合属于偶然的，因此，能力与岗位之间的不匹配是绝对的。我们要思考的是怎样才会有高绩效。

我们将个人能力与岗位要求的能力之间的差值定义为能力差，对于一些人而言，岗位所要求的能力高于其自身能力反而有助于取得高绩效，而有的人则是当其自身能力高于岗位要求之时才能取得高绩效。个人特征与工作岗位特征的有机结合是高绩效的基础。

每一个人都有能力，组织评价一个人的能力不是单纯地评估其能力，而是把他与特定岗位联系起来。组织在用人中常常犯一种错误，就是将一个在某一岗位表现突出的人提拔到领导岗位上，其结果可能适得其反。

能力与报酬的匹配程度越高，组织成员的工作绩效就会越好。具有不同的能力总量和结构特点的组织成员，应该给予不同的报酬，能力总量越高，待遇就越好；在能力总量相同的情况下，能力结构越能适应组织发展需要，待遇就越好。这就是能力报酬匹配原理的基本内容。

需要提醒是的，这里的能力报酬匹配中的"能"，更多是指与能力相关的薪酬，这就有能力的潜力、能力的表现、能力的产出结果。对于主要从事程序性事务工作、能力结构较为稳定的组织成员，应以固定报酬作为其报酬的主要组成部分。如对于一般意义上的内部行政人员就是如此。对于主要从事非程序化工作、能力结构不够稳定、潜在能力较大的组织成员，应以非固定报酬作为其报酬的主要组成部分，将其报酬与其能力发挥情况联系起来考核。如技术研发、市场销售人员的薪酬等。

需要进一步说明的是，我们考察能力岗位匹配，不能单独考察某一个人的能力与特定岗位之间的匹配度，还需要关注与相关联岗位之间其他人员能力之间的协调性。

第一章 事业单位人事制度改革探索

第一节 事业单位人事制度的改革历程

改革开放以来，随着我国经济体制改革的逐步深入和行政管理体制改革的不断推进，事业单位改革也在积极稳妥地进行。党的十一届三中全会至今，我国事业单位改革大体上经历了五个阶段：

一、改革初期探索阶段（1978—1993年）

随着工作重心开始转移到为经济建设服务上来，事业单位在这期间改革的重点是试图改变事业单位原有的一些制度上的弊端，鼓励各类事业单位为经济建设这一中心服务。党中央、国务院及中央有关部委对教育、科技、文化等事业单位的体制改革进行了初步尝试；对事业单位人事制度也进行了改革的尝试和探索，恢复了职称评审工作，开始推行专业技术职务聘用制，适当下放了事业单位人事管理权限，初步搞活了事业单位人事制度。

二、改革持续推进阶段（1993—1998年）

随着党的十四大提出我国经济体制改革的方向是建立社会主义市场经济体制，事业单位改革进入到建立与市场经济体制相配套的管理体制的新阶段，事业单位的独立法人地位得到明确，部分事业单位开始走向市场，实行企业化管理，有条件的单位实现了所有权和经营权分离等。

三、改革加速推进阶段（1998—2006年）

随着社会主义市场经济体制改革的深入和发展，事业单位在裁减冗员、大规模推行聘用制度、建立岗位管理制度、完善分配制度、健全人事监督制度等方面进行了改革，很大程度上激发了自身的活力。特别是 1998 年，国务院颁布《事业单位登记管理暂行条例》，在全国范围内全面启动事业单位登记管理制度，开启了事业单位人事制度改革加速发展的进程。2004 年，国务院又发布《关于修改〈事业单位登记管理暂行条例〉的决定》，事业单位登记管理制度逐步完善。

四、改革全面发展阶段（2006—2011 年）

随着事业单位登记管理制度的实施与调整，人力资源与社会保障部（原人事部）于 2006 年颁发《事业单位岗位设置管理试行办法》（国人部发〔2006〕70 号）和《〈事业单位岗位设置管理试行办法〉实施意见》（国人部发〔2006〕87 号），这是事业单位首次开展岗位设置和岗位聘用，明确"现有在册的正式工作人员，按照现聘职务或岗位进入相应等级的岗位"。其中，"现有在册正式工作人员"的表述，对岗位总量管理的对象与实施范围作出了原则性界定，也回避了岗位设置与人员编制的关系。同时，事业单位其他制度改革也全面发展，2008 年，国务院通过《事业单位工作人员养老保险制度改革试点方案》（国发〔2008〕10 号），并确定在山西、上海、浙江、广东和重庆 5 省市先期开展试点工作；2010 年，中共中央组织部、人力资源和社会保障部发布《关于进一步规范事业单位公开招聘工作的通知》（人社部发〔2010〕92 号），事业单位改革进入全面发展阶段。

五、改革深化发展阶段（2011 年至今）

2011 年开始，中共中央、国务院出台系列文件和政策，继续深化我国事业单位改革。2011 年，中共中央办公厅、国务院办公厅发布《关于进一步深化事业单位人事制度改革的意见》（中办发〔2011〕28 号），同时，中共中央、国务院出台《关于分类推进事业单位改革的指导意见》（中发〔2011〕5 号），国务院办公厅也发布《关于印发分类推进事业单位改革配套文件的通知》（国办发〔2011〕37 号）等系列文件。尤其对事业单位分类改革提出指导意见，"对公益一类事业单位，继续实行机构编制审批制度，在审批编制内设岗；对公益二类事业单位在制定和完善相关标准的前提下，逐步实行机构编制备案制度，在备案编制内设岗"。2014 年，国务院颁布《事业单位人事管理条例》（国务院令第 652

号），2015年，国务院发布《关于机关事业单位工作人员养老保险制度改革的决定》（国发〔2015〕2号），国务院办公厅转发《人力资源和社会保障部、财政部关于调整机关事业单位工作人员基本工资标准和增加机关事业单位离退休人员离退休费三个实施方案的通知》（国办发〔2015〕3号），标志着我国事业单位人事制度改革进入深化发展阶段。

通过以上分析，我国事业单位改革经过了由改革开放初期的探索阶段，发展到持续推进、加速推进、全面发展阶段，最终发展到当前的深化改革发展阶段，可以说，以上改革的不同阶段也标志着我国事业单位改革在路径上存在着中国特色的因素，伴随着我国国家部门和机构改革的发展，相关部门制定出台事业单位相关制度安排。

第二节 事业单位人事制度改革问题探析

事业单位人事制度改革是我国事业单位改革的核心内容，因此受到社会的广泛关注。但是我国事业单位人事制度改革中存在一些问题，在一定程度上影响了事业单位改革的顺利进行。

一、事业单位人事制度改革中存在的主要问题

事业单位人事制度改革一定程度上调动了事业单位各类人才的积极性和创造性。但是，从总体上看，事业单位人事制度改革较之机关人事管理和企业人事管理制度改革而言，还处于相对滞后的状态。事业单位人事制度改革的诸多方面还处于试点阶段，一些深层次和实质性的问题依然未从根本上得到解决，传统人事管理模式已经不适应现时代发展的要求，成为制约事业单位人事制度改革向纵深推进的"瓶颈"。具体来说，事业单位人事制度改革中存在的问题主要涉及以下几个方面。

（一）事业单位人事管理自主权亟待加强

事业单位人事制度改革的关键在于自主用人机制的确立。人事制度是一种包

含了界定和分配个人权利和义务的规范系统及价值体系,科学合理的人事制度可以有效激励和约束组织成员的行为,减少专业化和分工发展带来的交易费用的增加,解决组织成员所面临的合作问题,为组织有效运行和持续发展创造条件,由此可见人事管理自主权对事业单位运行及其战略目标达成的重要价值。计划经济体制下,政府主要采用行政或计划的方式管理各类事业单位运行中的人和事,事业单位事实上成为政府的附属物,而这也是制约事业单位活力的症结所在。因此,需要按照政事分开的原则进行事业单位体制创新,减少政府部门对事业单位的直接干预,让事业单位拥有自主权和灵活性,不再成为政府部门的附属机构。事实上,扩大人事管理自主权一直是事业单位改革的核心内容。早在1987年的十三大报告就提出,在建立分类管理制度过程中,"企事业单位的管理人员,原则上由所在组织或单位依照各自的章程或条例进行管理"。此后,《深化干部人事制度改革纲要》和《关于加快推进事业单位人事制度改革的意见》等文件,也多次强调事业单位人事制度改革要适应体制改革的总体要求,建立政事职责分开、单位自主用人、人员自主择业、政府依法管理、配套措施完善的分类管理体制。从20世纪80年代中期开始,推行行政首长负责制、按生产要素分配以及其后的一系列改革举措也都在尝试扩大事业单位的人事管理自主权。

虽然扩大事业单位人事管理自主权的改革还在持续探索的进程之中,并且改革也确实取得了初步成效,但从总体上看,政事不分的遗传性顽症依旧没有得到切实根治,事业单位迄今并未获得完整和充分的人事管理自主权。虽然人力资源与社会保障部相继出台了多个事业单位人事制度的政策规定,事业单位人事制度改革也在逐步推进之中。但是,也必须清醒地看到,事业单位至今并未建立起真正符合自身特点和要求的人事管理制度模式,无论从经费来源、人员编制,抑或机构设置、活动开展等方面的实际操作来看,事业单位人事管理都事实上处于一种相对被动或从属的地位。此外,基于长期形成的与政府的密切关系,本应作为独立公共服务主体的事业单位,主体身份甚至得不到其自身的认同,这也在一定程度上阻碍了事业单位人事管理自主权的落实。

也正是因为没有获得完整和充分的人事管理自主权,事业单位人事制度的创新能力一定程度上受到削弱,其用人机制也就不可能得到切实转换。比如,在人员招聘方面,虽然先后颁发了《事业单位公开招聘人员暂行规定》《事业单位岗位设置管理试行办法》及其实施意见等相关政策规章，但由于上述规定只明确了事业单位人员招聘以及岗位管理改革的基本原则，尚未制定具体的实施细则和改革方案，许多事业单位并没有，事实上也难以严格按照合同的规定内容执行，因而合同对个体没有太大的约束力，聘用合同有名无实，因人设事的情况仍然屡见不鲜。既然聘用合同难以得到严格实行，那么政府部门向事业单位"乱塞人"现象的普遍存在也就不足为奇了，事业单位在一定程度上甚至成为行政改革和企业改革的人员"分流器"。再如，在人员退出机制方面，由于养老保险、医疗保险、失业保险等社会保障制度的改革进程相对滞后，事业单位虽然可以在形式上实行聘用合同制，但却无法真正解除或终止相关人员的聘用合同，因为一旦终止或解除合同，也就意味着将没有充分社会保障的未聘人员推向社会，必然会给社会带来不稳定的因素，因此，人员退出渠道不畅通也使得事业单位难以充分转换用人机制，在人事管理方面基本上处于一种被动的态势。

（二）事业单位人事制度改革缺乏相关配套措施

作为比较稳定和正式的行为规范和工作准则，组织人事制度具有系统性的特征，只有与其内外系统的各个环节之间密切相关和协调互补，才能发挥人事制度的整体效应。换言之，为达成组织中人和事关系协调的目的，组织的人事制度不可能单独发挥作用，必须在特定的环境要素中与其他不同层次的制度安排相配合，才能形成一套行之有效的制度体系。同理，事业单位制度创新也需要制度环境中若干环境要素的相互配合才能完成。

事业单位人事改革是一项系统工程，涉及利益调整、资源整合、人员分流等各种相关制度的创新，需要各项改革措施相互配合才能顺利完成。但是，由于制度创新的配套措施建设相对滞后，使得事业单位人事制度改革缺乏相关的制度保障和外部环境，从而在一定程度上影响了事业单位人事制度改革的前期效果。

事业单位管理体制是事业单位人事制度运作的基础和平台，事业单位体制改革的进程直接影响和制约着事业单位人事制度改革的推进，由于事业单位传统体制的基本框架没有进行结构性的制度创新，事业单位人事制度改革的效果也因此大打折扣。在前期的事业单位体制改革过程中，制度创新只停留于被动性尝试和探索的层面，国家基本上采取鼓励事业单位针对传统体制的固有弊端，大胆进行试验的方针,并没有提出一个明确的改革总体目标模式,也未触及事业单位的社会主体地位、机构性质、职能目标和运行方式等一些深层次的问题。改革总体目标模式的不明确,一定程度上导致了事业单位体制改革缺乏成熟的整体战略,造成事业单位改革难以统筹规划和有效协调,从而使得事业单位人事制度改革也因此难以通盘展开。

较之企业和机关的社会保障制度改革而言,事业单位的制度变迁仍处于相对滞后的境地。任何改革都意味着利益的重新调整,不可避免地要触及个人和群体的利益得失,由于事业单位体制改革缺乏统筹规划和有效协调,加之管理体制未能理顺,因此,事业单位保障制度改革对财政体制产生一定程度的依赖性,成为事业单位社会保障制度真正社会化的障碍,这就使得事业单位人事制度创新很难得到完善的社会保障体系的支撑,不利于事业单位人事制度改革的循序推进。就事业单位社会保障制度改革的实际情况来看,在失业保险方面,对事业单位职工的就业仍基本维持事实上的终身就业体制,失业保险制度目前并未真正建立起来;在养老保险方面,由于只制定了原则性政策方案而缺乏具体的实施细则,各地的事业单位养老保险制度存在着不配套性,在具体实施过程中也存在一定的随意性。在医疗保险方面,对离退休人员管理脱节、财政负担过重,在职人员大多享受不到医药报销,且不同性质事业单位的医疗制度差别很大。由于社会保障制度不健全,相关政策措施不完善,基于对合同终止可能催生的社会不安定的忧虑,事业单位无法真正终止相关人员的聘用合同,致使事业单位人员出口渠道不畅,给事业单位人事制度的管理和改革工作带来较多的困难和问题,从而影响了人事制度改革的整体效果。

(三)事业单位人事制度法律法规体系尚待完善

完善的法律法规体系既可以使事业单位人事制度改革的前期成果得以巩固和延续,也可以为后续的改革进程提供制度保障。事业单位人事制度改革取得了初步成效,促进了事业单位人事管理工作的科学化和制度化,积累了许多成熟和有益的经验。将事业单位人事制度创新的有益经验通过立法的形式予以确认,有利于巩固事业单位人事制度改革的前期成果,保障其作为一项稳定和连续的制度规范而得到贯彻实施。同时,法律法规体系的完善也为事业单位人事制度改革的进一步深入提供了一种制度框架和法律保障。

近年来，围绕推进事业单位人事制度改革，国家先后出台了部分梯次配套的事业单位人事制度改革的政策法规。但从总体上看，事业单位人事制度立法相对滞后，使得人事制度改革中遇到的诸多问题没有法律依据，事业单位人事制度的法律法规体系尚待进一步完善。具体来说，事业单位人事制度法律法规体系的问题主要存在两个方面。

一是事业单位人事法律法规待进一步完善。近年来，随着事业单位人事制度改革进程的不断深入，事业单位原有的人事关系不断受到冲击，各种利益矛盾也日渐突出，事业单位人事法制建设有待进一步加强。随着社会经济的发展和现代化进程的深入，传统干部人事制度逐渐分解后，大一统的人事制度框架内的子系统遵循不同的轨迹发展。企业组织和机关的人事管理活动规则，分别以《劳动法》和《公务员法》为核心建立了相应的人事法律法规体系，与之形成鲜明对比的是，事业单位人事管理活动迄今仍缺乏整体性和最高层面的国家法律规则，事业单位现行人事管理的规定大都存在于法规、部门规章以及政策文件中，人事管理规则缺乏权威性。同时，即使是已有的人事管理单项政策法规，也有部分内容因事业单位人事管理环境的变化，有待进一步的修订和完善。

二是已颁布的某些法律法规缺乏具体操作细则，使得事业单位人事管理工作具体执行和操作过程中面临较多困难。比如，在人员招聘方面，虽然颁发了《事业单位公开招聘人员暂行规定》等相关法规，但由于公开招聘制度刚刚起步，实践中暴露出招聘制度上的某些不规范和不健全的问题。一方面，有些部门和单位对事业单位招聘制度认识不到位，导致执行政策不严格，影响了公开招聘活动的正常进行，有些事业单位有较多的空缺编制，却没有面向社会公开招聘，而是长期借调一部分人员在岗工作，而有些事业单位则对公开招聘持观望态度；另一方面，事业单位面向社会公开招聘的组织环节也有待于进一步完善，没有形成符合事业单位自身特点的组织实施程序，人员招聘的标准不统一，直接影响了人员招聘的公平和公正。再如，在报酬制度方面，虽然《事业单位工作人员收入分配制度改革实施办法》基本确定了符合事业单位特点、体现岗位绩效和分级分类管理要求的事业单位收入分配制度，但是，由于缺乏可操作性的具体规定，加之事业单位长期实行的身份管理的消极影响，以及相关制度环境尚待完善，使有些事业单位仍不同程度地存在着事实上的"平均主义"和"大锅饭"的现象，并未真正转变为体现岗位价值的绩效导向型的报酬制度。

二、事业单位人事制度改革存在问题的原因透析

政府始终是现阶段推动当代中国制度变迁的主导力量。之所以选择这种政府主导型的强制性变迁方式，一方面在于组织制度变迁过程客观上需要国家政府的推动或支持。按照新制度经济学的观点，制度变迁是制度的替代、转换与交易过程，可以分为诱致性制度变迁和强制性制度变迁两种基本类型。由于诱致性制度变迁存在外部效应和"搭便车"等固有问题，因而通过诱致性制度变迁供给的制度往往是不足的，这也使得政治或"制度企业家"的作用在正式制度创新安排中显得尤为重要。事实上，国家干预不但可以补救持续的制度供给不足，而且能够以强制力加快制度变迁的速率，并且降低制度变迁的成本。因此，由国家政府推动或支持制度变迁是加快组织制度创新的捷径。另一方面，中国作为一个发展中大国，在实现现代化的进程中，由于自然条件、地理区位、经济发展基础和历史文化的差异，各经济领域和各社会阶层的偏好、效用和利益存在着天然的不一致性。同一改革措施、改革目标与改革模式对社会不同成员的利益影响效应存在着差异，在很多方面存在着零和博弈式的利益分配矛盾和冲突。在这样的改革态势下，政府主导型的强制性制度变迁成为目前的合理选择，事业单位人事制度变迁也不出其右。

在强制性制度变迁进程中，政府制度供给不足是事业单位人事制度改革相对滞后的根本原因。在强政府—弱社会的基本格局下，事业单位人事制度改革固然受到制度需求的影响，但在更大程度上受制于政府在既定的约束条件和效用函数下提供新的制度安排的意愿和能力。事业单位人事制度改革较之机关人事管理和企业人事管理制度改革而言，还处于相对滞后的状态，事业单位人事管理工作中的一些深层次和实质性问题依然未从根本上得到解决，究其原因，主要在于政府的制度供给不足。政府制度供给不足具体体现在事业单位性质定位模糊、事业单位体制关系未理顺以及政府推动力不足等方面。不从根本上消弭上述因素的消极影响，事业单位人事制度改革就很难取得实质性的突破。

（一）事业单位性质定位模糊

作为中国特色的公共服务供给组织，事业单位是在中华人民共和国成立以后逐步形成和发展起来的，事业单位本身还处于动态的变化发展过程之中，结构和功能也都没有完全定型，一定程度上制约了事业单位性质的科学定位。虽然事业单位的概念在政策文件和社会生活中频繁出现，但事业单位的性质定位问题却一直是悬而未决的理论和实践问题。中华人民共和国成立之初，国家为适应社会主义建设事业的发展和满足人民群众精神文化生活的需要，设立了由国家核拨经费的，从事教育、科学、文化、卫生、社会福利等领域社会服务的事业单位组织。事业单位由各级政府及其部门直接举办，事业单位的管理和经营活动均由政府主管部门直接控制，经费开支均由国家财政拨款，其社会职责中也含有某些政府职能的色彩。换言之，政府既是事业单位的举办者、所有者，又是事业单位的运行管理者和实际经营者，事业单位并不具备真正意义上的独立法人地位。从20世纪90年代开始，随着社会主义市场经济体制的建立和不断完善，政府职能定位出现位移，大一统的公共服务供给格局逐步被打破，公共服务提供者的数量和类型在增加和丰富。在此背景下，事业单位数量也在不断增加，在经费、编制、管理等方面获得较之以往更多自主权的同时，事业单位的范围在社会事业领域不断扩大，社会事业的举办主体和组织形式日趋多元化，事业单位同其他组织的界限也不断模糊。

事业单位性质定位的模糊增加了人事制度改革的难度。

一方面，人事制度具有一定的依附性，组织性质定位的模糊不利于明确事业单位人事管理规则的基本内涵。性质是事物所具有的区别于其他事物的本质属性，内涵则是围绕事物本质特征展开的，反映该事物区别于其他事物的根本标志。因此，内涵界定必须遵循特定的逻辑规则，所界定的内涵中要反映出对象的本质特征。就此而言，事物的性质决定其内涵的界定，不同性质的事物具有不同的内涵。人事制度是围绕如何协调组织人事关系而形成的，具有普遍意义的，比较稳定和正式的行为规范和工作准则。这种行为规范和工作规则的存在及其功能发挥取决于组织的性质定位，虽然组织人事规则具有共通性的方面，但不同性质组织的人事规则的内涵和要求显然具有一定的差异性。事业单位性质定位的模糊，显然不利于明确其人事制度的基本内涵。

另一方面，从组织管理实践来看，人事制度的具体安排会因组织类型的差异而表现出某种变异性，事业单位同其他组织的界限渐趋模糊，不利于明确特定人事制度规则的外延或作用范畴。我国事业单位的编制数额极其庞大，职能范围极其广泛，并且随着社会经济的发展和国家现代化的推进，社会事业的举办主体和组织形式日趋多元化，事业单位同其他组织的界限渐趋模糊。比如，某些事业单位的功能履行常需借助于公共权力的行使来实现，具有一定的强制性和权威性，如卫生防疫部门、劳教部门等行政事业单位；而另外一些公益性较弱的事业单位，通过市场配置资源并参与市场竞争，已经大量从事市场活动或具备市场化的条件，其运作机制与企业组织并无太大差异，对于这些不同类型的事业单位，其人事制度安排当然应该有所差异。只有在清理和甄别现有事业单位的性质，按照功能定位区别不同类别的事业单位的基础上，才能采取不同的方式和措施对其人事制度进行改革。总之，因性质定位模糊而无法明确人事规则的外延，显然也不利于事业单位人事制度的改革与创新。

（二）事业单位体制关系未理顺

事业单位人事制度改革的探索离不开事业单位体制创新这一基本平台，事业单位人事制度改革进展缓慢，往往可以从更深层次和更大范围的体制缺陷方面探究其根源。微观的事业单位人事制度是事业单位体制的具体环节和重要组成部分，宏观的事业单位体制则是事业单位人事制度运作的基础和平台。可见，事业单位人事制度是在特定的体制环境内运作的，不解决管理体制方面的缺陷，仅仅着眼于改革事业单位人事制度的努力也只能是事倍功半，如果传统事业单位体制的基本框架没有进行体制创新，事业单位人事制度改革也无从深入。

事业单位管理体制的固有积弊并未真正消弭，一定程度上影响了事业单位人事制度改革的推进。随着经济体制改革的深入和政治体制尤其是行政体制改革的不断推进，事业单位也在结合自身特点逐步进行体制创新并初见成效。改革扩大了事业单位的管理自主权，提高了事业单位社会化和市场化的程度，增强了事业单位自我发展的能力，但是，在事业单位体制改革进程中也暴露出一些不容忽视的问题，主要涉及改革总体目标模式不明确，缺乏成熟的改革整体战略和统筹规划，相关配套措施不健全等方面的内容。事实上，事业单位体制改革的探索并非由中央政府统一部署和规划展开，而是基于社会事业条块分割的行政管理体制。事业单位不仅分属于不同层级政府，而且分属不同政府部门，事业单位体制改革也主要采取依靠部门和地方政府为主、分散实施、逐步推进的方式展开。更为重要的是，从总体上看，由政府直接组织和管理的社会事业体制，特别是政府与事业单位的基本关系模式并没有发生实质性变化。事业单位体制改革只停留于被动性的尝试和探索，并未触及事业单位的社会主体地位、机构性质、职能目标和运行方式等一些深层次的问题。总之，事业单位体制改革进程的相对滞后，使事业单位人事制度的改革直接面临着体制性的障碍，这一体制性障碍没有得到根本性改变，必然直接影响事业单位人事制度的改革与创新。

第三节　事业单位人事制度改革的发展对策

我们在前面研究和分析了我国事业单位人事制度改革存在的问题，探讨和提出解决问题的途径和对策，对于提高我国事业单位工作人员的积极性和充分发挥事业单位人员的才能，对于提高我国事业单位履行公共管理职能和公共服务职能的能力和效率，都将会起到积极的促进作用。

一、进一步明确事业单位人事制度改革的目标、总体思路

事业单位人事制度改革面临的既是个烙有深深计划体制痕迹的制度体制，又是一个处在变革并在变革中不断产生新问题、新矛盾的制度体系。因此，改革是在双重约束条件下展开，这意味着事业单位人事制度改革将是将来式、现在式、过去式并存的改革：首先，改革必须将利刃指向计划体制，革除计划体制及由此产生的各种弊端；其次，改革应有效解决转型过程中衍生出的并且还在不断衍生的新问题、新矛盾；最后，改革应当是朝着建立形成适应社会事业发展、提高事业单位活力、有利于各类人才、发展与管理的新制度、新机制不断努力的过程。将来式、现在式、过去式并存，要求这一改革应有清晰的目标、系统的思路、突出的重点与可操作的措施。

实践证明，改革的部分阻力来源于事业单位人员对改革目标认识不清，或担心事业单位的领导层和管理层对目标不明确，把事业单位人事制度改革理解为市场化，把改革简单地等同于减少编制、精简人员、减轻财政负担。因此，正确认识和明确事业单位人事制度改革的目标是改革顺利进行的基础。

根据中共中央组织部和人力资源与社会保障部 2000 年 7 月 21 日发布的《关于加快推进事业单位人事制度改革的意见》，我国事业单位人事制度改革的目标任务是："建立符合种类事业单位特点的政事职责分开、单位自主用人、人员自主择业、政府依法管理、配套措施完善的科学分类管理体制和有效的竞争激励机制；改变用管理党政机关工作人员的办法管理事业单位人员的做法，逐步取消事业单位的行政级别，建立适合教育、科研、文化、卫生、体育等各类事业单位特点，符合专业技术、管理和工勤各自岗位规律的具体管理制度；形成人员能进能出、职务能上能下、待遇能升能降、优秀人才能够脱颖而出、充满活力的用人机制，实现事业单位人事管理的科学化、法治化、规范化。"

我国事业单位人事制度改革的方向是：按照分类推进事业单位改革和干部人事制度改革的总体要求，以转换用人机制和搞活用人制度为重点，以推行聘用制度和岗位制度为主要内容，坚持整体推进与分行业实施相结合，坚持政府宏观管理与落实单位用人自主权相结合，积极促进人事制度、分配制度与机构编制、社会保障、财政供给等领域改革的综合配套，做到统筹规范、突破重点、完善政策、分类指导、稳步推进。

根据我国改革开放和政治、经济等领域改革的经验和教训，事业单位人事制度改革应该按照改革的既定方向和目标循序渐进，在原有试点的基础上，由易向难，渐次推进。

二、建立以聘用制度和岗位管理制度为重点的用人制度

（一）建立以聘用制为基础的基本用人制度

事业单位人事制度改革的中心任务是建立新型的用人制度。推行聘用制就被赋予了这样的重任，政策制定部门将"建立以聘用制为基础的用人制度"作为事业单位人事制度改革的重点。长期以来，与传统的计划经济体制相适应，我国事

业单位没有适合自身特点的管理制度，在用人制度上，一直按照党政机关的管理办法，采取单一的录用、任命制，各类人员一经录用、任命便成为终身制。由此造成了事业单位机构臃肿，人浮于事，缺乏生机与活力。

改革开放以来，事业单位对人才需求不断增大，旧体制下用人制度上的矛盾日益突出：一方面需要的人才由于受到编制和干部来源的限制进不来；另一方面，单位内部富余人员出不去，优秀人才留不住。挫伤了各类人员的积极性和创造性。解决问题的关键是全面推进以聘用制为核心的用人制度。聘用制度是事业单位与职工按照国家有关法律法规和政策要求，在平等自愿、协商一致的基础上，通过签订聘用合同，明确双方人事关系和权利义务的人事管理制度。

聘用制在事业单位有三种形式：一是新增人员实行聘用制，事业单位根据工作需要，经过双向选择、考核、择优聘用。二是单位内部岗位职务聘任制。主要包括：行政领导人员实行领导职务聘任制；各级管理人员实行以聘代任，对各级管理岗位，采取层层聘任的办法；专业技术人员实行专业技术职务聘用制，事业单位按需设岗，按岗位聘用。三是合同聘用制。事业单位通过对全体人员签订聘用合同，打破干部、工人身份界限，变以往的身份管理为岗位管理，这种形式能够真正解决人事管理中职务能上能下、人员能进能出的问题。

建立和推行聘用制度，是发展社会主义市场经济条件下搞活事业单位内部用人制度的必然选择，是市场机制在事业单位人才资源配置方面发挥基础性作用的实现形式，是将固定化的用人制度转变为契约化的用人制度的有效途径。要使聘用制得以顺利实施，必须按照"脱钩、分类、放权、搞活"的思路对事业单位的人事管理体制进行综合性改革。

首先，应取消事业单位的行政级别。事业单位的行政级别制度，是干部终身制的体现，是政事不分的结果。长期以来，事业单位的人员不管有无任务，只要有行政级别，不仅待遇都不能少，而且级别的终身制成为推行聘用制的一大障碍。只有逐步的取消行政级别，积极推行全员聘用制才能解决事业单位人才能进能出的问题，也才能为事业单位的配套措施改革打下良好的基础。

其次，在推进事业单位人事制度改革的过程中，首要的是抓好人员聘用制的入轨工作，这是一个基础，是建立岗位管理制度的前提。建立公正透明、竞聘上岗制度。竞聘是实行聘用制的关键环节，要在竞争聘用中始终坚持竞争择优、公开公平、实事求是、区别对待的原则，科学制定上岗办法。竞聘不但要公开，更注重的是做到公平、公正。但是从现在实际情况看，基本上都能做到"公开"，但是公平、公正方面还存在问题，需要不断完善，应在这方面继续探讨改革的方法。聘用前，应对聘用的重大问题进行深入细致的调查研究，广泛听取职工的意见，以保证决策的科学性和公正性。聘用开始后，要采取多种形式，宣传推行聘用制工作的目的要求、操作方法和有关政策，鼓励积极参与岗位的公平竞争。在实行民主化方面，要体现在聘用的民主决策、民主参与和民主监督上，而不是说由群众来讨论决定聘谁不聘谁，如果这样就会出现拉帮结伙，失去了民主的意义。另外，还必须制定科学合理的考核办法，加强聘后管理。加强聘后考核，才能牢固树立职工履行岗位职责的责任感，保持工作积极性，激励先进、鞭策后进，这是保证聘用制顺利实施和巩固改革成果的重要手段。制定科学合理的考核方法，对于加强岗位管理，充分调动职工积极性，形成激励竞争机制有十分重要意义。根据岗位职责、完成任务的情况进行考核，不能简单以聘用合同代替聘后管理，必须坚持客观、公正的原则实行领导考核与群众评议相结合，考核工作实绩与考核工作态度相统一的方法，把考核结果作为续聘、解聘、增资、晋级、奖惩等的依据。在实际工作中，一要结合本单位工作性质实际，要建立分类考核的办法，根据各类人员的工作方式、内容进行分类制定考核办法；体现不同层次人员的工作内容和要求；二要结合岗位管理，根据岗位职责，按不同考核标准，严格考核；三要体现考核结果，把考核结果同职称评定、工资晋升、津贴发放相结合，在定性和定量方面制订可操作的考核办法。四要把考核的方法制度化，在广泛征求意见、职代会讨论基础上制定规章制度，让每一个职工了解，使考核有章可循，在聘后管理上下功夫，真正实行岗位管理，严格按聘用合同管人用人，切忌把聘用合同作为一纸空文，将聘用制改革演变为走过场。

因此，要顺利推进事业单位人事制度改革，废除事业单位行政级别，全员推行聘用制成为解决问题的关键。同时，做好聘用制中聘前、聘中、聘后的管理工作，也是使人事制度改革进行的重要保障。

（二）以科学设岗为基础，实现由身份管理向岗位管理转变

岗位管理是事业单位以聘用制为基础的新型用人制度的重要内容，是事业单

位人事管理的基础性环节。事业单位人事制度改革的一个重要目标就是实现人事制度由传统的身份管理为主变为以岗位管理为主，并逐步实现岗位管理，而实行岗位管理的前提是科学设岗，岗位设置是否科学，直接影响改革的成效。所谓科学设岗，是指事业单位从自身工作性质、业务特点出发，按照科学合理、精简高效、动态管理的原则，在机构编制部门确定的职责任务、机构规格、人员编制、领导职数和各类人员结构比例内进行科学的岗位设置。

一是各部门、各单位根据《事业单位岗位设置管理试行办法》、行业指导意见，从工作实际需要出发，按照核准的岗位总量、结构比例和最高等级开展岗位设置工作，坚持按需设岗，因事定责，合理地设置不同等级的管理岗位、专业技术岗位和工勤岗位，设置的岗位既要做到各部门协调发展，又要避免重复。①对管理层岗位推行职员制度，建立体现管理人员管理水平、业务能力、工作业绩、资格经历以及岗位需要的等级序列，按其职务等级和相应的岗位职责进行管理；②专业技术人员岗位，应按照专业技术岗位条件的要求，根据专业技术人员的专业能力，相应采取同级聘任、高职低聘或低职高聘的办法，结合职称评聘制度改革，实现专业技术职务评聘分开；③事业单位的工勤岗位可分为技术岗位和普通岗位两大类，其中技术岗位实行岗位设置的相对稳定性，对辅助性岗位的设置可结合工作实际，在一定的时间内灵活设置，杜绝因人设岗的违规行为。

二是明确岗责，科学制定并细化每个岗位的任务要求、任职条件、岗位职责、工资薪酬标准等，并在一定范围予以公布。

三是按岗聘用，引入竞争机制，以岗位职数为前提，以岗位要求为基础，以品德、能力、业绩为依据，实行竞聘上岗制度；事业单位补充新人，除政策安置和涉密岗位人员外，一律按照公开平等竞争择优原则，实行社会公开招聘。

四是依岗考核，在考核过程中结合岗位管理制定分类考核标准，在保证客观公正的同时突出岗位差别，把工作绩效与岗位职责联系起来考核，并将考核结果作为确定工作人员续聘、职务升降、解聘、奖惩以及工资调整等的基本依据，激励职工的岗位责任感。

三、建立新型分配激励制度

收入分配是人员聘用制度的基础，要充分认识到分配制度在人才竞争中的经济杠杆作用。以科学发展观和科学人才观为指导，围绕构建科学合理、公平公正的收入分配体系，从有利于吸引人才、稳定人才、用好人才出发，完善以按劳分配为主体、多种分配办法并存的分配制度；以岗位绩效为基础，构建科学合理、公平、公正的分配体系；建立起与岗位职责、工作绩效紧密联系，尊重创造、鼓励创新的分配激励机制。

一是加快建立符合事业单位特点、体现岗位绩效和分级分类管理的收入分配制度，将岗位作为确定工资的主要因素，按能力定岗位，以岗定薪，推行岗位绩效工资制。岗位绩效工资制是以岗位责任为重点，以绩效考核为核心，把职工的工资收入和所从事的工作岗位、绩效挂钩，实行以岗定薪、岗变薪变的工资分配制度。岗位绩效工资由岗位工资、薪级工资、绩效工资和津贴补贴四部分组成，其中岗位工资和薪级工资为基本工资。按《关于事业单位实行岗位绩效工资制的指导意见》要求，制订岗位绩效工资分配方案，要合理拉开不同岗位的分配档次，职工工资收入要与职工的岗位职责、工作业绩和实际贡献挂钩；要建立上岗下岗、试岗、转岗等管理制度，职工工资收入随着岗位的变动而相应变动。此外，还要实施定期考核，实行动态管理。岗位工资主要体现工作人员所聘职务岗位的职责和要求。分别对专业技术岗位、管理岗位、工勤技能岗位设置不同的岗位等级。实行"一岗一薪""岗变薪变"。逐步打破人员身份限制，实行按能力定岗位，以岗定薪。其中，薪级工资主要体现工作人员工作表现和资历。对专业技术人员和管理人员，实行"一级一薪"，定期升级绩效工资是事业单位收入分配中活的部分，主要体现工作人员工作业绩和实际贡献，国家对绩效工作进行总量调控，事业单位在核定的绩效工资总量内，享有自主权，合理拉开差距。岗位绩效工资制度将推动事业单位薪酬管理从过去计划、行政手段下的品位分类管理，逐步转变为市场导向的体现岗位价值的岗位定价、绩效导向的绩效薪酬制。

二是健全宏观调控机制，将宏观调控和搞活内部分配机制有机结合起来，坚持政府调控保公平，内部搞活促绩效，在注重公平的基础上，建立形式多样，自主灵活，重实绩、重贡献、向优秀人才和关键岗位倾斜，并逐步实行一流人才、一流业绩、一流报酬的分配机制。

三是积极探索生产要素参与分配的形式。探索资本、技术、管理等要素参与分配的形式，逐步扩大、提高生产要素参与分配的范围、程度，从而调动人的积极性，促进各种资源得以合理利用，从而促进各项社会事业发展。

四、建立完善的社会保障制度

如果说聘用制为事业单位职工流动创造了条件，那么，完善社会保障制度则为职工流动提供了可能性。建立与机关、企业相衔接的事业单位社会保障制度，必将打破人事制度改革的"瓶颈"和职工流动的障碍。深化事业单位社会保障制度改革，是人事制度改革的"托底工程"。只有建立起统一完善的社会保障机制，解决人员流动的"后顾之忧"，才能真正把"单位人"变成"社会人"，保证出口畅通，让进口与出口良性循环起来，事业单位才能保持长久的活力，才能逐步实现人才资源的社会化配置。完善社会保险制度的重点在于社会保险基金的筹集和运用。在我国目前的情况下，社会保障基金应由事单位、员工和政府共同筹集，事业单位根据自身的经济状况和员工共同商讨各应承担的比例。一些事业单位还可以扩大单位服务的范围，实行企业化经营，以弥补保障基金的不足。对保障基金的运用除了依照相关的法律法规进行监管外，还可以考虑建立员工参与的体现事业单位和员工共同利益的社会监督机构，完善社会保障监督机制。虽然建立完善的社会保障机制是我们的最终目标，但同时，我们也必须清醒地认识到，要建立完善的社会保障制度需要时间，需要国家的政策，尤其是在短时间内建立覆盖面广的事业单位职工基本养老、医疗、失业保险制度还有很大困难，事业单位改革不能坐等社会保障机制的完善。我们必须着力研究给分流出去的人员和事业单位新进人员解决社会保障问题。探索实行老人老办法、新人新办法的可行性，并以此为突破口，在原已形成的基本保障制度上，加快推进独立于企事业单位之外，资金来源多样化、保障制度规范化、管理服务社会化的社会保障体系，以保障公民权利和社会的稳定。

五、建立多层次、多形式的未聘人员安置制度

人事制度改革涉及面广、情况复杂，其难点是落聘人员的安置问题，这是事业单位人事制度改革成功与否的关键所在。在改革中，如果不能很好地解决未聘人员的出路问题，单位对职工还是一管到底，实际上还是没有解决人员能进不能出的实质问题，改革就没有了实际意义，也有可能造成许多不稳定因素，甚至会

付出巨大的成本。为了不造成职工的"不安全感",我们要从稳定大局出发,制定出一些相应的制度以确保落聘职工的利益和人事制度改革的顺利进行。

首先,坚持以内部消化为主的原则,实行多层次多形式的未聘人员安置制度。对改革过程中出现的未聘人员,要以单位、行业或系统为基础,坚持以单位内部消化为主,探索多种形式给予妥善安置,为他们发挥作用创造条件。要注意采取先挖渠、后分流的办法,通过兴办发展新的产业、转岗培训等方式安置未聘人员。

其次,制定切实可行的政策,建立未聘人员档案管理制度,促进行业内外流动。分析他们的专业特点,发掘他们的专业优势,不断地实现人才资源的重组和行业内外间流动,把某些部门富余人员流向同行内人员不足的部门,这样在安置好未聘人员的同时也为人员不足的部门提供了人才资源,使人才资源优化配置。引导鼓励未聘人员面向基层、农村和企业,使他们在新的领域发挥作用。对专业技术人员,要为他们提供创办或进入企业的优惠条件,引导他们把专业技术应用到社会生产中去,为社会创造新的财富。

再次,要为妥善安置未聘人员创造条件。事业单位的未聘人员为国家做出了很大贡献,他们具有的专业技术知识和经验是国家的宝贵财富。各部门、各单位要有专门的未聘人员安置指导机构,为妥善安置未聘人员提供信息、帮助指导、创造条件。按行业专业要求,定向培训,改善知识结构,为人员分流再就业打好知识基础。人事部门和事业单位相互配合做好未聘人员的培训工作,让分流人员可以通过培训提高再就业的能力。道是无情却有情,事业单位人事制度改革的核心是竞争,竞争是无情的,但操作手段必须有情。要采取换位思考的方式,设身处地为未聘人员着想,既要做好他们的思想工作,保证未聘人员的切身利益,又要采取积极措施,使其得到妥善安置,从而保证事业单位人事制度改革的平稳推进。

六、进一步规范事业单位人事代理制度

在传统的计划经济体制下,我国事业单位人事管理制度存在着两个根本性的难题:一是人才的难以流动;二是人才的社会保障难以实现。而人才难以流动的根本原因是在计划体制中形成的以身份管理和档案管理为主的人事制度。长期以

来，档案作为劳动关系的象征物，在事业单位传统的人事工作中被十分看重。原单位扣留人事档案，职工就难以与新单位建立起劳动关系，人才无法流动；反过来，对于一些不适应岗位需求的职工，单位想合法解除劳动关系时，如职工本人不主动配合，其人事档案也难以转出，造成一系列因档案滞留带来的问题。而人事代理制度则从根本上解决了这种矛盾，打破所有制、行政隶属关系、单位、行业等各种界限，打破了原有人事管理制度的束缚，促进了人才资源的合理流动和合理使用。这使职工和单位的关系相对简单，档案不再作为双方唯一关系，劳动合同反而更加重要了。如果职工和单位解除劳动关系，档案还在人才中心，可以很快实现人才的再流动。

配套推行人事代理制度是逐步实现人才的所有权与使用权相分离，将"单位人"转变为"社会人"，建立新的用人机制的重要环节，也是深化事业单位用人制度改革，实现人员能进能出的基础性工作。在实际工作中，事业单位招收人员必须在编制的控制数以内，新进人员不与编制挂钩，编制作为总数控制，不具体落实到人头，编制内用人，其待遇与岗位挂钩，其人事关系挂靠人才服务机构，实行人事代理，割断传统意义上职工以人事档案为核心对单位全面依附的关系，促进人才使用权和所有权的分离，使人事管理工作从传统事物性管理向人力资源开发和有效利用转变。

七、建立符合事业单位特点的宏观管理和人事监督制度

首先，必须健全和完善事业单位人事管理的政策法规体系。根据社会主义市场经济和人事制度改革发展的需要，当前要抓紧研究制定以《事业单位聘用条例》为基础的政策法规，保障事业单位人事制度改革的顺利进行。

其次，必须建立健全事业单位人事工作的宏观管理制度。对主要靠财政拨款的事业单位要建立健全工资调控体系，建立健全各类人员及职务结构比例的宏观管理办法，健全事业单位人员总量的调控体系，建立不同类型事业单位人员增长的调控办法。

再次，要健全事业单位人事争议的处理机制。人事争议处理制度是现代事业单位人事管理制度的一个重要组成部分，一方面有利于保护事业单位职工的合法权益免受违法或不当处理决定的侵害；另一方面监督事业单位人事管理行为。推

进人事争议立法，建立健全人事争议仲裁机构，及时受理和仲裁人事争议案件，切实维护用人单位和职工双方的合法权益。

最后，应加强对事业单位人事工作的监督。保证事业单位在国家法律、法规规定的范围内行使用人自主权。要保障单位和职工的合法权利，要发挥事业单位职工代表大会的作用，依法保障事业单位职工参与民主管理和监督。

第二章 事业单位编制管理与编外用工

第一节 事业单位编制管理概述

一、事业单位编制管理的基本含义

事业编制是受国家机关领导,不实行经济核算,不直接从事社会物质生产和商品流通,所需经费全部或部分由国家预算拨给的单位的人员编制。

事业单位编制是事业单位的结构表现形式,它有狭义与广义之分。狭义的事业单位编制是指一个事业单位的人员定额,以及各种人员的比例结构。其中,人员的定额是指人员数额上的限制;人员的比例结构是指各种职务、职级人员的比例关系。人员数量和结构是按职能的需要设置的。人员定额和结构合理是任何单位、任何部门得以开展活动的基本条件,也是编制的基本要求。广义的事业单位编制是指事业单位的职能范围,包括权责关系、机构设置、规格级别、人员结构、数额,以及职位配置等。

本书的事业机构编制管理,就是运用科学的管理理论和管理方法,研究、处理和解决一定社会经济形态下的国家的各种事业单位的整体总局、设置形式、职责任务和人员编制配备的一门科学,是为科学地设置各种事业机构和合理地配备各类人员而进行的一系列管理活动的总称。

二、事业单位编制管理的一般原则

为了满足现代化事业单位管理的要求,首先必须使事业组织的编制管理科学化。为此编制管理一般应遵循以下主要原则。

(一)职能决定原则

职能是任何事业组织的机构在一定时期内根据社会需要而具有的职责和功

能。这些职责和功能必须依靠人来行使和发挥，职位的设置和配置就是为了完成机构的职能。因此，职能决定编制，这是编制管理时的第一个原则。为此必须对职能进行科学的安排，切除不合理的部分，将交叉重复的职能和应由行政组织承担的职能都剔除出去；对保留的职能要进行逐步分解，按其性质和地位，编制成一个相互协调的职能体系。只有科学地安排职能，才能使编制管理真正建立在客观需要的基础上。

（二）职位设置原则

编制管理要体现责任、权力相称的原则。只有赋予特定职位以相应的权力和责任，才能保证组织目标的落实，才能体现编制管理的作用，为此编制管理必须建立在职位分类的基础上，将事业单位各种工作的性质、繁简难易、责任轻重、所需资格予以分门别类地确定名称、评定等级、制定规范，这样才能合理配置职位的种类和每种职位的职数；才能使按职能确定编制的原则具体到每个成员，从而使每个成员任务饱满、不是虚设，故它是职能决定原则的具体化。为此，必须做到：第一，要对各单位的工作进行系统、周密的调查，要将该单位的职能逐步分解为一项项的具体任务，根据工作任务找出该单位有多少个职位、每种职位的职数。以及各种职位职数之间的责权关系，形成一个分工明确、流程规范、协作良好的职位体系。第二，要根据该单位的各个职位、职数，配置其所需的不同资格的各种人员，人适其所。既要达到人与事的最优结合，又要使人才群体结构合理，符合合力大于分力的效应，体现精干、高效的要求。唯有如此，这个单位的编制管理才是有客观依据的、科学的、合理的。

（三）协调平衡原则

编制是整个事业管理工作的物质载体，而事业管理工作具有整体性、开放性。它不仅本身是一个由各个大小系统组合而成、互相衔接、彼此依存的整体，而且还是社会系统中的一个子系统，和社会是相互影响、相互依赖的一个整体，这就决定了编制管理必须坚持事业组织内外协调平衡的原则。在事业组织内部，要保持部门之间、层级之间、部门与层级之间、部门内部各个单位之间的协调平衡，使事业组织的编制能够保证它们之间的工作沟通性、衔接性、比例性，从而达到协调平衡的目的。在事业组织外部，要使事业组织的编制与国家财政的承受能力相平衡，与国民经济发展水平及速度相平衡，与整个国家、地区的政治、经济、科技、文化教育体制和发展状况相平衡，使事业组织的编制既能为社会所承受，又能更好地为社会服务。

（四）动态调整原则

一定时期的编制是根据一定时期内的政治、经济等各方面社会因素所制定的，与这一时期的客观条件相适应。由于社会在不断变化发展，所以编制的制定不可能是永恒的。这就出现了要根据变化了的客观情况不断调整编制的问题，但是编制的稳定性又是事业工作正常运转的基本条件。为了兼顾编制的稳定性和变动性，在编制管理中必须规定每隔几年要进行一次全面性的调整，同时允许日常可做些个别的、局部的调整。

动态调整原则还必须考虑编制发展总趋势。随着生产和生活社会化发展的需要，事业单位的管理职能有着不断扩大的趋势。因此，在某种意义上，编制的动态管理就应根据事业单位职能不断扩大的趋势，适时地增设编制。但是，我们也要看到，随着事业单位管理日益科学化，包括管理人员素质的提高和管理工具的现代化，可以在很大程度上抵消因管理职能扩大而要求增设的编制。

（五）精简节约原则

编制精干是事业组织运转灵活、效率高的一个前提条件。在编制管理中必须"宁肯少些，但要好些"。在工作需要之外人为地多设编制，不但于事无补，而且还会产生多余的内耗、等于多设一个障碍。

从管理效益的意义上讲，编制配置是一种投入——人力、财力、物力的投入。我们应以最小的投入，获得最大的效益。一个国家，究竟能有多少人力、财力投入到事业机构中去，是受其财政承受能力限制的。因此，在管理编制时，必须有一个节约人力、财力的观念，坚持精简节约的原则。为此，必须用经济手段管理编制。一个单位的编制一经确定后，就实行编制经费包干的办法，超编原则上不予追加编制经费，节约的经费可由该单位自行全部或部分使用。事实证明，用经济手段管理编制，是实行精简节约原则的重要方法。

三、事业单位编制管理内容

事业单位编制管理在国家事业单位管理中占有突出的地位，它不仅要对事业组织的职能作出规定，对组织机构作出设计，更重要的是对组织人员的结构和数额加以控制。因此，编制管理的内容应包括职能管理、机构管理和人员编制管理三个方面。

（一）职能管理

职能管理，是指配置、协调各级事业单位及其各部门职能的一种行政行为，它是根据国家在一定时期内的方针政策以及社会经济文化等发展的需要，对各组织机构的职能进行配置、协调的活动过程。

职能是组织机构得以设立的依据和基础。把职能管理作为编制管理的内容之一，是在1988年国务院机构改革时正式明确的。这是因为很长一段时间以来，人们在进行机构改革时只是把注意力放在机构的撤并和人员的裁减上，表面上看改革似乎取得了一些成果，但随着时间的推移，人们发现裁撤的机构又变得臃肿，人员又不断回流增多。究其原因，是由于没有从机构膨胀、人员增多的深层次原因着手，没有注意到职能的调整与变革。因此，1988年开始的改革吸取这方面的经验教训，没有搞单纯的机构撤并与人员裁减，而是开始根据总体职能配置的要求，首先确定各部门的职能，再根据职能确定机构和人员编制，即定职能、定机构、定人员编制的"三定"方针。把定职能作为定机构、定人员编制的基础，表明了对编制管理认识的深入。

（二）机构管理

机构是职能的载体，职能通过机构及其活动得以实现。没有一定的机构及其活动，组织目标和职能就不可能实现。同时，机构又是人员编制的基础，没有机构，人员编制无从谈起。因此，保证组织机构科学合理，加强组织机构的管理，显得尤其重要。

所谓机构管理，主要是指对机构设置与调整的管理，具体包括对机构的总量、性质、级别、名称、规模等诸多内容的管理。

机构总量管理：需要根据国家和地方的实际需求，合理规划和控制机构的总量。这需要综合考虑经济社会发展状况、行政服务需求、财政资源等因素，确保机构数量适度、合理。

机构性质管理：政府需要根据机构的职责和任务，划分不同的机构性质。一般来说，机构性质可以分为立法机构、行政机构、司法机构和人民团体等。通过明确机构的性质，有助于提高机构的专业性和效能。

机构级别管理：需要根据机构的功能和地位，确定不同机构的级别。一般来说，机构级别可以分为国家级、省级、市级等不同层次。合理分配机构的级别，有利于形成科学的机构设置体系，提高机构的管理水平和运行效率。

机构名称管理：机构名称应当符合规范，清晰表达机构的职能和任务，便于公众理解和识别。

机构规模管理：需要根据机构的职能、任务和工作量，合理规划和调整机构的规模。这既包括机构内部人员的数量，也包括机构经费的分配等。科学规划机构的规模，有助于提高工作效率和资源利用效益。

（三）人员管理

人员编制，是事业单位为了实现组织目标、履行法定职能，经过被授权的机关批准而确定的单位内部人员数额、结构、领导职数、员工数额等。人员编制管理是事业组织编制管理中最大量、最经常的工作。组织目标最终能否实现、职能及机构管理是否科学合理，会直接影响并反映到人员编制中来，因此科学的人员编制管理具有重要意义。

四、事业单位编制管理的战略地位

事业单位是国家法律确定的一类重要组织。《中华人民共和国民法通则》则将事业单位与企业、机关和社会团体并列为我国四大法人。事业单位这种法律地位决定了它是我国经济建设和社会发展中的一支重要力量。

国家要发展经济和教育、科技、文化等各项事业，就必须有从事为国民经济建设服务和从事教育、科技、文化等方面具体业务的实体单位。没有这些具体从事各方面事业的工作单位，也就谈不上发展事业。事业不发达，满足不了人民日益增长的物质和文化等方面的需要，也就不会有巩固的政治经济制度和巩固的国家政权。

科学合理的机构设置和人员编制配备，是发展事业的基本保证。各类事业单位的布局、结构、职责和人员编制配备是否合理，决定着事业单位自身功能能否正常、有效地发挥。因此，认真研究并科学地解决这些问题，不仅可以克服机构重叠、职责不清、臃肿膨胀、结构比例失调等不良现象，保证事业单位的正常运转，而且还可以为国家节约大量开支，保证国民经济建设的顺利进行。

五、事业单位编制管理研究的意义

对事业机构编制实施有效的管理，其意义主要表现在以下几个方面：

第一，为国民经济和社会的平衡协调发展提供有效的服务。事业单位的工作涉及国家的政治、经济、文化和人民生活的各个方面，对国民经济和社会发展起着举足轻重的作用，特别是随着国民经济和社会的发展，随着产业结构逐步向知识和技术密集型的转化，事业单位也将逐步发展。因此，事业单位必须在发展规模、发展速度和机构设置和人员编制等方面适应并服从国民经济和社会发展的要求。换言之，国民经济和社会的发展，要求对事业机构编制从宏观上加以控制和管理，使之有计划按比例地合理增长，保证国民经济和社会发展总体计划中各项比例的平衡和协调。

第二，为管好行政机构编制提供必要的保证。我国目前的机构编制管理包括两大组成部分：一是行政机构编制管理，即党政群机关机构编制管理；二是事业机构编制管理。这两种机构编制管理不能各自孤立地进行，而应该互相配合，共同组成我国机构编制管理的整体。如果只管行政机构编制，不管事业机构编制，行政机构编制也不可能管好。行政单位如果挤占事业编制，实际上即变相扩大行政编制。特别是当行政机关进行机构改革的时候，这种现象尤为容易发生。造成这种现象的原因虽然是多方面的，但事业机构编制管理不严，是行政单位变相扩编的主要原因之一。这是长期的编制管理实践所证明的教训。

第三，节约财政开支，提高事业经费的使用效益。事业机构及其人员编制的数量，是决定国家事业经费开支多少的直接的和基本的因素；而事业机构设置和人员编制配备是否科学合理，又决定着事业经费使用效益的高低。据不完全统计，目前，全国每年用于各类事业单位的经费支出近千亿元，约占全部财政支出的三分之一，有的省约占全部财政收入的一半以上。不难想象，因为缺乏对事业机构编制的有效管理，或者由于管理不善，每年都会白白浪费大量资金，如果把这些资金用在经济和社会发展方面，将会产生可观的经济和社会效益。

第四，保证事业单位自身的健康发展。科学的机构设置，合理的人员编制配备和恰当的结构比例，是保证事业单位自身健康发展和发挥功能的必要条件。当前，机构臃肿，盲目膨胀，结构不合理，人浮于事等不良现象普遍存在，不利于事业单位自身的健康发展及其功能的正常发挥。因此，必须通过加强管理来加以纠正和克服。从根本上讲，管理事业机构编制也是为事业单位服务的，对保障和促进各项事业健康发展具有重要作用。

第五，为改革提供良好的社会环境。改革是我国社会主义市场经济发展的必然要求。由于事业单位的工作涉及社会主义物质文明和精神文明建设的各个方面，这就决定了它和各项体制改革都有密切的联系，无论哪项体制改革，都要涉及事业单位的机构设置、职责任务、隶属关系和内部管理等等。因此，管好事业机构编制对各项体制改革来说，都是其重要的组成部分。通过加强管理，还可以为各项体制的改革和改革的不断深化创造良好的社会环境。同时，各项体制改革表现在事业机构编制等方面的成果，也必须通过加强管理来加以巩固和发展。

第二节 事业单位编制管理问题探析

一、事业单位编制管理存在的主要问题

科研教育、文化、艺术、卫生体育、新闻出版、农林水利、勘察设计和社会福利等事业单位的成长壮大，对于促进社会物质文明和精神文明建设，对于满足人民文化生活需要，做出了不可缺少的贡献。但是，由于种种原因，事业单位在蓬勃发展，取得巨大成就的同时还在机构编制管理和发展中存在一些问题，归纳如下。

(一) 界限不清、职能不分

本来，行政机关与事业单位的界线是很清楚的，行政机关是依法对国家各项事务实施管理的机关，它的管理职能主要是外部的、是对全社会的。而事业单位主要是为经济活动和社会活动提供直接或间接的服务，一般不具备外部管理职能。但是，多年来不仅国家用行政手段管理事业单位，而且事业单位自身的组织形式、管理方式、经营手段以及人事制度等方面也仿效行政机关，致使事业单位"行政化"，违背了事业单位内在的发展规律。现在，从中央到地方都有一些事业单位具有政府职能，即具有管理、监督、执法等权力，甚至连工商、物价、计量等政府职能很强的部门中也有些职能由事业单位去承担，如物价检查所、计量所等。特别是近年来，由于机构改革，严格控制行政机关和人员的增加，一些政府部门就成立一些带有行政职能的事业单位，成为政府机构的延伸，其结果不仅导致了事业单位不断膨胀起来，而且套用行政级别的现象也很严重，弊端不少。

事企不分的现象目前仍存在。由于受税收政策、工资制度和心理因素等的影响，许多应该属于企业性的单位也都定为事业单位，如一些物资机构、招待所、咨询服务业等。这不仅增加了财政负担，而且在客观上给事业单位编制管理造成了一定的难度。

(二) 法制不完备

事业机构编制管理尚未形成完整的法律体系。我国至今尚未制定《事业机构编制法》，致使事业单位的机构设置、法律责任、权利义务缺乏相应的法律依据，其申报程序和审批程序也长期处于无法可依的混乱状态。

同时，缺少责任追究机制。有的地区或部门，在未经机构编制部门批准的情况下，擅自设立事业机构，增加事业编制，超职数配备干部，超规格配备干部，超结构配备人员，造成事业机构膨胀，人员超编，结构比例失衡，干部待遇不能按政策兑现等，却得不到应有的制裁和处罚。

(三) 类别划分不合理

现行的事业单位机构编制管理主要采用行业分类法和经费分类法。这两种分类方法要么过于烦琐，要么过于模糊，都缺少可操作性。

从行业分类法看，它在一定程度上混淆了事业单位主体职能特征的差异。它不能说明同是事业单位为什么有的使用财政拨款，有的则实行自收自支或企业化管理；也不能说明同是事业单位为什么有的承担行政执法职能，有的则承担发展社会公益事业或开发经营的职能；特别是随着事业单位财务管理体制的改革，某一事业单位的人员编制往往使用两种或两种以上的经费形式，按照行业分类方法，则很难对这些单位进行归类，从而给管理部门带来了诸多不便。

从经费分类法看，一是不合理，在推进事业单位经费形式转变的过程中，如果一个单位管理得法，善于利用自身优势向社会提供优质服务，得到的直接补偿就较多，相应减轻了财政负担，实现了经费补偿形式的转变，由财政拨款改为经费自理。而同类性质的单位由于管理不善，经营无方，很可能仍需国家财政予以支持。二是对率先实现经费自我补偿体制的单位没有起到鼓励、扶持的作用，甚至鞭打快牛、保护落后，挫伤了事业单位自主经营和自求发展的积极性。如有的单位虽然服务收入较多，其经费自给率足以达到实行自收自支的程度，但仍要求名义上的财政拨款管理形式，从客观上使分类管理步入了混乱状态，最终难以为继。

（四）级别、经费核定缺乏科学性

目前，事业单位的级别管理，采用的是套用机关行政级别的方法：从层级上看，有省部级事业单位、厅局级事业单位、处级事业单位、科级事业单位等；从名称上看，有很多事业单位仍然使用局、处、办和委员会等机关名称。这不仅易在性质上造成混淆，留下政事不分的隐患，也不能准确地体现事业单位自身特点和社会属性，不利于事业单位的自身发展。由于缺乏明确的划分标准，新成立的事业单位容易在核定行政级别时出现争议；已成立的事业单位，为了争取更好的待遇，也要求提高级别。这不仅给编制部门工作带来不便，也加重了事业单位管理的压力。在事业单位经费形式的核定上，虽然在一定程度上参考了该单位的职能、业务量、社会化程度等因素，但由于缺乏具体科学的标准，主观度量性仍然很大，使财政拨款形式与事业单位实际情况相脱节。还出现了一些相同性质的事业单位，经费形式却不统一的情况。

（五）动态管理不到位

随着社会经济环境的快速发展，事业单位的职责、人员、工作量都出现了不同程度的变化，原定的编制、经费等渐渐不适应实际情况的发展需要。但是，由于编制部门对编制使用情况缺乏有效的后期监督管理，没有根据实际工作量及时地予以调整，使编制部门的工作处于一种较为被动的位置，事业单位机构编制的管理与事业单位的发展不相适应。

二、事业单位编制问题产生的原因

长期以来我国事业单位编制膨胀的原因就是编制管理缺乏科学性、规范性和约束力。

（一）管理缺乏科学性

事业单位编制管理技术尚未走向科学化，人为因素影响过大，一些基本的指标、参考指数等还缺乏量化和硬性规定。此外，编制管理体制上仍有些关系尚未捋顺。如有的具体业务归入人事部门，有的业务单独归党口的组织部门管理，还有的业务由独立设置的编制部门管理等。与此同时，还存在条条干预过多问题，这里既有所在系统的干预，也有领导者"权威"的干预。

（二）管理缺乏规范性

事业单位编制管理的法制基础薄弱，尚未步入规范化轨道。其中主要体现在以下两点。

第一，编制管理机构设置不规范。从隶属关系上看，有独立的也有半独立的；从规格上看，省这一层次上，有正厅（局）级的，也有副厅（局）级和处级的。

第二，编制管理机构力量配置不规范。如有些地方的编制管理部门，人员编制只有几人或十几人，具体负责一个省或是一个地区范围内的所有编制管理工作，确实有力不从心或"小马拉大车"的感觉。

(三) 管理缺乏约束力

由于事业单位实行改革以后，未能把机构改革的成果以法律的形式固定下来，即没有将机构编制管理纳入法制的轨道，现行的有关机构编制的政策性文件，只停留在重申违犯机构编制纪律要予以严肃处理的程度上，机构编制管理机关只有监督权力能力，而无监督行为能力，使一些违犯机构编制管理纪律的行为得不到应有的惩处和纠正。只有制定机构编制管理法规，才能利用其强制性，及时处罚制裁违规者，实现机构编制管理的硬约束。

可见，事业单位编制管理工作格局已不能适应社会主义市场经济发展要求，从一定意义上说，已经制约了机构设置和人员配备合理化进程。因此，事业单位编制管理的改革势在必行。

第三节 事业单位编制管理的对策研究

事业单位编制管理需依据统一的标准、现代化的管理方法和手段、科学的程序、严格的法制，区别不同情况实行分类管理的改革对策。

一、完善事业单位编制标准体系

事业机构编制标准，是实现事业单位机构编制规范化管理的有效途径之一。鉴于目前各类事业单位机构编制标准大多已不适应新形势下事业单位发展的实际情况，机构编制部门应会同有关部门抓紧制定高等院校、基础科研、文化艺术、医疗卫生、新闻出版、广播影视、体育、农林水等各类事业单位的机构编制标准。从近些年来各地区、各部门管理事业机构编制的经验看，制定或完善事业机构编制标准至少应考虑以下几方面内容。

(一) 等级规格标准

事业单位机构规格应是社会对事业单位的一种评价，是事业单位社会价值的表现形式。确立新的事业单位等级规格，是解决事业单位行政化问题的有效途径。根据近些年来各地区、各部门的试点经验，我们可以将"维持单位正常运行必要劳动量"作为确定事业机构等级规格的主要依据。主要理由是：不同的事业单位"维持单位正常运行必要劳动量"的具体表现形式不尽相同。如：科研单位表现为单位的科技人员运用自身的技术，利用各种科学仪器研究出来的科技成果；卫生医疗单位表现为医护人员运用自己的医术，利用医疗设备为患者解除痛苦，救死扶伤等等。但其"维持单位正常运行必要劳动量"都是可以进行比较的，这种比较应从"质"与"量"两个方面进行，从量上讲各单位的人员数和其所占有的资金、资产的价值是可以直接比较的，但它们运行时花费的必要劳动量，却可能是有质的区别的；如甲、乙两所医院的医生，同样工作了 2 小时。甲医院由一名主任医师运用先进的医疗设备和自己的高超医术完成了一个高难度手术，乙医院则由一名医师利用普通医疗设备为患者治疗了一般性的疾病。两者之间的"量"虽然相同，但却有"质"的差别，甲医院的主任医生所付出的劳动中不仅仅包含了 2 小时的体力劳动，而且包含着高超的医术——脑力劳动。因此，用"维持单位正常运行必要劳动量"对事业单位进行比较，要从能够影响到"维持单位正常运行必要劳动量"大小的主要原因进行质与量方面的定量分析。

事业单位的规格等级必须考虑三个因素：一是事业单位在社会发展、经济发展中所处的地位和作用及其在同行业的影响和主要成果，二是事业单位的规模大小；三是事业单位占有的资金多少，根据这三项指标，可将事业单位机构规格划分为不同"类"，如"文化类""教育类""科研类""体育类""卫生类"和"勘察设计类"等等。同时，可根据同类事业单位提供服务质量的高低，将其细化为不同的"级"，如可称为："科研类一级""科研类二级""科研类三级""教育类一级""教育类二级""教育类三级"，不同等级的事业单位享受不同的规格待遇。

在分类分组的基础上，把事业单位的社会地位和作用、主要成果和规模、资金定为基本指标，再将各项基本指标细划为若干小项，并规定出完成每个小项应得的分数。以科研类事业单位为例，可将其主要成果指标进一步分为：年度科研计划完成率；年科技人员平均获奖科研成果数；年科研单位发表专著及论文数；科研成果应用推广率等。规模大小指标可进一步分为：固定资产数；年总收入；年事业费；事业费削减比例（这可以从一个侧面反映各科研单位的科研经费自给程度）；人员编制数等。根据得分确定等级，如得分达到95分以上的定为一级事业单位；得分达到85至94分的定为二级事业单位；得分达到75至84分的定为三级事业单位，依此类推。各类事业单位中，同级事业单位规格待遇相同；一级事业单位规格待遇高于二级事业单位，二级事业单位高于三级事业单位，等等。

（二）机构设置标准

一是内部机构设置必须遵循分工合理、职责明确、精干高效。二要采用列举法，对不同标准类型的事业单位提出横向内部机构基本设置（必须设置）和辅助设置（机动设置）的数量要求以及控制的比例或幅度。三是事业单位纵向机构设置的层次一般按二级管理模式设计，特大型事业单位纵向机构设置的层次最好也不超过二层。

（三）人员编制标准

即关于规定定编的基本原则，各职位、岗位的人员数量和素质要求，规范各类人员结构比例等条款。其中，应该说明的是：一是定编必须遵循确保运转、分类管理、动态控制、政策引导等原则，既要保证事业单位正常运转，有利于事业单位发展，又要防止人员编制的盲目增长。二是规定事业单位总的人员定额，即事业单位每个职位、岗位的人员定额。三是要规定人员的构成和各类人员在数量上的比例关系。

需要说明的是，由于各地区、各部门的自然条件、人力资源状况、经济发展水平和财力状况不同，事业单位面临的情况和任务也不尽相同。因此，在制定事业机构编制标准时，应该有一个幅度，各地可以在这个幅度内，灵活决定本地的具体编制数，以便增强事业机构编制标准的科学性，避免主观主义和官僚主义现象。

二、实行现代化管理方法和手段

（一）管理方法

事业单位编制管理，主要有定性、定量和综合管理三种方法。

1. 定性管理法

定性管理法，即以定性分析和经验估算为特征的编制管理方法。一般分为任务分析法和比较确定法。任务分析法就是从一个部门所承担的基本任务出发，通过工作流程和岗位的分析及工作量估算，确定相应的编制或比例标准，比较确定法就是将该编制的对象同某一特定的比较对象的有关方面进行比较，核定其编制比例的方法。在实践中一般是将任务分析法和比较确定法融合为定职能、定机构、定人员的"三定"法，即根据职能、机构、人员三者的内在联系，通过各类机关的职责、功能、内部机构和人员编制的比较、确定和划分，达到理顺关系、优化组合、合理定编的目的。

2. 定量管理法

定量管理法，就是运用数量统计和量化分析的方法，通过揭示和确定与编制相应的各种因素的数量关系和量变规律，建立管理模型和编制标准的方法。在编制管理实践中，一般是采用分等定编法和计算编制指数法。分等定编法是把众多的编制按一定的数量标准划分为若干等次，然后分别确定每一等次的编制比例标准，再按此比例标准确定各种编制数。计算编制指数法则是将各种定编的依据组成一定的公式，通过这一公式计算来确定编制指数，得出该地区或单位应定编数。

3. 综合管理法

综合管理法，即运用系统工程的方法，将定性分析和定量分析测算相结合而形成的综合评价和综合管理的方法。在编制管理实践中，主要运用综合指标评价法和综合运筹法。所谓综合指标评价法，就是通过建立机构的职责、功能、效益、目标、价值等约束条件和综合情况的评价指标体系，运用专家评价的定性方式和价值统计测算的定量方式相结合的方法，确定机构设置、机构总数的方法模型。所谓综合运筹方法，它是一种主要应用于机关编制量化的特定的管理模式。其综合性表现在管理方法和管理内容的综合性上。

编制管理改革要从调整不合理的布局入手，较大幅度地减少直属国家机关特别是中央国家机关的事业单位数量。如对那些名存实亡的单位坚决予以撤销；对布局重复、业务内容相近或长期业务不足的机构适当合并精简；对编制被机关占用的实行编制与人员冻结，逐步清退；对一些职能不清的单位进行职能转移。与此同时要科学核定事业单位人员编制，对有文件规定的一律按文件规定执行；没有具体文件规定编制标准的单位，则要参照该单位的历史演变、工作性质和任务、社会效益和经济效益等因素进行核定；对事业确有较大发展、人员编制偏少、完成任务确有困难的单位，按职位合理增加编制；对经费来源渠道不同的事业单位采取不同的核编方法，例如对由国家全额拨款的事业单位，核编标准从严掌握，既要核定编制总数，又要具体科学地核定各类人员的结构比例。只有这样，才能使具有不同知识水平的专业人员和工作人员各尽其能、相互配合，构成一个动态平衡的有机体。

（二）管理手段

机构编制管理的手段，主要包括行政手段、经济手段和法律手段。长期以来，我们对事业单位的管理主要靠行政手段，这已无法适应社会主义市场经济发展的需要。随着机构编制管理科学化进程的加快，必须融行政、经济、法律等手段于一体实行综合管理。

1. 加强监督制度

这是保证编制法规的正确执行和促进各项事业健康发展的重要保证。如复审监督，即编制部门在审批机构编制后的一定时期内（比如半年、一年），对所定编制的使用，结构比例的执行、工资基金的安排以及机构设置的审批权限等情况定期或不定期地进行复审和监督，如发现有违法现象，则予以制止和纠正。

2. 建立编制管理奖惩制度

编制管理奖惩制度是指以经济手段为制约机制，奖励节编，惩罚超编，从而控制编制膨胀的一种编制管理制度。在目前，对事业单位的编制管理，往往是"定了编，即了事"，而对编制确定以后的执行情况没有控制手段，致使编制盲目膨胀而难以制约。因此，实行这种管理制度，既有利于国家对编制的控制，又有利于提高各单位节约编制的自觉性、积极性。

3. 实行动态管理

这是衡量机构编制部门是否转变观念，改变工作方式，适应市场经济体制需要的重要标志之一。所谓机构编制的动态管理就是利用现代化的办公设备,对全地区事业单位机构的设立、职能变化、编制增减、人员配备等情况进行跟踪监测,动态地分析出事业单位在一段时间内机构、编制的变化规律,并根据国民经济发展规划和布局,及时对本地区事业单位结构布局、人员编制、职能任务进行不断调整。

实现动态管理一是要建立机构编制计算机信息管理系统,这是实现事业单位机构编制动态管理的基础。利用计算机快速、准确地搜索,反映出事业单位机构编制动态的变化过程。二是要完善机构编制分析的例会制度。根据本地区国民经济发展战略的需要,不断调整事业单位发展规划、布局结构,及时指导事业单位机构编制工作,使事业单位的发展规划和布局能更好地为地区经济建设服务。三是要推广完善法人登记制度。通过对事业单位设立登记、变更登记、注销登记、年度检验及行政处罚等手段,使机构编制部门及时掌握事业单位的运行状况,并对其中出现的问题,采取相应的解决办法。

从近几年各地开展事业单位法人登记的经验和事业单位机构编制管理实践看,可从以下几方面完善事业单位法人登记的内容:一是对任务严重不足、不能完成国家下达任务的事业单位给予警告,必要时予以合并或撤销;二是对功能弱化或名存实亡的事业单位,要予以撤销,并收回事业编制;三是对经济效益连年提高的事业单位,适时地进行转制改企,并取消其事业单位资格。在目前情况下,上述措施不失为对事业单位机构编制管理的有效手段,同时,也能从根本上改变以往那种一次审批定终身的不合理状况。

4. 建立编制管理与预算管理相结合的管理机制

实现编制管理和预算管理的结合,是加强事业单位机构编制宏观管理,控制财政补贴事业编制增长的有效途径。其基本要求是:编制部门、财政部门和业务部门以及事业单位要密切配合,根据财政状况和经济发展需要来设置机构,核定编制,根据机构编制发展计划,编制经费预算。各业务主管部门和事业单位在对本年度预算执行情况进行分析、预测的基础上,根据国家财力、国民经济发展计划和政府下达的预算收支控制指标,结合本地区、本部门的实际状况,制订机构发展计划和预算计划。编制部门根据财力情况和经济发展需要,审批机构,核定人员编制,财政部门根据编制部门审批的编制员额核拨经费。这样,使预算管理部门掌握编制计划，编制部门掌握经费预算标准，达到控制机构编制增长的目的。同时，在日常管理中，编制、财政部门要相互配合，以定期或不定期的方式，对事业单位的人员编制、经费定额、人员结构比例、事业发展计划的完成情况和经费使用情况进行全面的检查和考核。对完成发展计划且空编的单位予以适当奖励；对于完不成计划、人员超编的单位予以必要的惩罚。

实现事业单位机构编制管理和预算管理相结合，还要根据事业单位机构编制、业务性质的不同特点、不同情况和预算资金在事业单位的不同用途，找出事业单位机构编制管理和预算管理的最佳结合点。

事业机构编制管理和预算管理相结合，有利于加强事业机构编制的管理与调控。由于事业单位的预算对其业务发展规划、机构编制发展规划、经费开支计划及开支范围、比例等都作了规定，有助于编制管理部门根据财政实际承受能力、经费使用范围和需要扶持、抑制的方向，科学合理地审批事业机构编制，减少机构编制管理工作的盲目性。

三、遵循科学的管理步骤

所谓科学的管理步骤，就是指机构编制管理机构依照一定的管理程序所进行的机构编制管理活动。一般来说，机构编制管理工作应按照如下步骤来进行：首先，要在经过周密的调查研究的基础上，由机构编制管理部门提出可行性专题报告；其次，将可行性报告送上一级机构编制主管部门审核，并签署意见；再次，由上一级机构编制部门行文通知调整意见；最后，下级机构编制管理部门严格按照上级意见结合本单位情况组织实施。

四、严格的依法管理

社会主义市场经济是法制经济，它从本质上要求对事业机构编制依法管理。

事业单位机构编制方法，直接关系事业机构编制管理的关键。由于我国事业机构编制的数量大、类型多、情况复杂，因此，不但要对现有事业机构编制进行科学合理的分类，还要用法律的形式保持科学的组织结构和合理的责权划分。做到机构之间、岗位之间职权明确、责任分明。避免某些个人意志使事业机构编制随意变化，打乱正常和谐的运作秩序。事业机构编制法的指导思想必须分明，既要有实体法,又要有程序法。所规定的内容必须有一定的约束力。一要规范机构编制管理部门的组织形式、法律地位;二要规范事业单位及其主管部门、事业机构编制管理的相关部门和组织(如计划、财政、劳动、人事等)、机构编制管理部门的权利、义务和违反机构编制法应承担的责任;三要规范事业单位的性质、含义及管理范围和管理原则;四要规范各类事业机构的设置、人员编制的申报程序、批准权限;五要规范各类事业单位的职能、职责范围及其社会地位、作用;六要规范各类事业单位领导职数限额、内部工作的职位配置要素及行政管理、专业技术和后勤服务人员的结构比例;七要规范各有关方面与机构编制部门的相互关系及配合服从机构编制管理的责任和义务;八要规范机构编制法实施过程中的监督机制和手段等。

五、区别不同情况分类管理

加强事业单位的编制管理,必须在坚持统一领导、分级管理的总原则下,根据各单位的职能和经费来源的不同,将事业单位划为不同的类型实行分类管理。

第一,对具有行政职能的事业单位,基本上用管理行政机关的办法加以管理。不仅要严格控制其机构和人员编制,而且要严格规定它们的职责权限和业务范围,对它们的横向纵向关系也要加以明确,避免造成职责不清。

第二,对社会福利型的事业单位实行"一体两制"的管理形式,如医院在医疗方面按事业的方式管理,服务部、制剂室则实行企业化管理。

第三,对完全由财政开支的事业单位,对其机构的成立和编制的增加都要严格控制,以节约经费为原则,促使它们发挥更大的效益。

第四,对有一定收入,又需要财政给予一定补贴的事业单位,则应根据国民经济发展和社会发展的需要,根据人力、物力、财力的可能对其进行具体处理,该增则增、该减则减。

第五,对依靠提供各种服务收取报酬,能做到经费自给、自收、自支,实行企业化管理,不需要财政给予任何资助的事业单位,在人员编制上则应放开或引导。这些单位对人员编制可视其具体情况自行确定,编制部门只负责其机构的审批,并会同有关部门对其进行监督检查。

第六,对已经具备企业条件的事业单位,如招待所、电影公司、建筑工程设计室等，应及时将它们转为企业。为减少阻力可在税收、工资上给予一定的特殊政策或变通处理。

第七，对工作可基本定量计算的事业单位，如学校、档案馆、图书馆等，主要通过制定编制标准，参照标准进行管理。

我国事业单位改革是继国有企业改革、政府机构改革后的事业单位改革的第三阶段。事业单位是整个社会事业的主要组织载体，事业单位的改革是整个社会事业改革体制的重要组成部分。目前，我国事业单位改革已进入关键时期，如何深化事业单位改革，真正实现事业单位体制的转换是目前我们需要解决的问题。

第四节 事业单位编外人员管理问题与对策研究

事业单位职能越来越大，事情自然而然地越来越多，但是由于受编制限制，不得不通过聘用编外人员，缓解工作压力。编外是相对于在编而言的，事业单位根据单位实际，采取签订合同、劳务派遣等方式聘用的编外人员是不占用本单位编制数额的。事业单位编外人员就是指工作在事业单位，工资待遇由国家财政保障，但不占用其单位正式编制名额的聘用人群。

目前对于我国编外人员的分类主要有三种。其一是公招。通过规范和正规的流程，通过组织部门、人社部门或者编办等单位统一招考的人员。其二是聘用。由用人单位通过考察自行挑选的人员，未经过人社、编办、组织部门备案，这种劳动关系不稳定，招聘解聘都显得很随意。其三是借调人员。在系统内部，借用其他事业单位的正式在编人员。

一、事业单位编外人员管理存在的问题

（一）编外用工规模偏大，就业方式多样

在一些事业单位中，编外人员数量较多。编外人员数量众多的原因有很多：一是随着公共服务体系的不断完善，相关部门需要更多的人力资源来开展并完成各项工作，以便减轻事业单位的工作负担，并为公众提供更加全面和优质的服

务。二是人员储备没有及时更新。在事业单位中的有些部门及工作岗位上，存在人员储备不合理的现象，有时，为了应对新的工作内容，往往要招聘更多的编外人员。三是在编人员必须通过相关考试才能进入事业单位工作，而且选拔标准较为严格，而编外员工相对灵活，用人单位对用人方式和工资标准有完全的自主权，因此也更受欢迎。

（二）编外人员用工标准不统一，人力资源管理困难

在招聘方面，没有标准化、透明的工作流程，也没有对各类编外人员的就业条件做出明确规定。一些编外人员符合相应的岗位要求，是通过社会层面招聘的，而另一些人员则是通过各种关系直接招聘的，录取标准不统一。从管理层的角度看，用工制度缺乏统一规范的标准，也没有建立起完善的绩效考核体系。此外，通常来说，编外人员的学历相对较低，目前招聘的大多是大专以上学历的专业技术人员。由于招聘来源不同，录取标准不统一，编外人员在文化水平及个人素养方面也存在较大差异，这给事业单位的人力资源管理工作带来了一定困难。

（三）用工经费缺乏保障，编外人员待遇较低，激励机制不完善

从当前来看，未经批准使用的编外人员，其用工经费并没有纳入事业日常的财务管理中，因此，公共经费难以得到有效保障。这些编外人员的工资和福利费用通常由事业单位根据自身的财务情况自主决定，在此影响下，不同人员在薪资待遇上也存在较大差异，而且大多数编外员工的薪资较低，导致大多数编外员工缺乏足够的工作动力。此外，在激励机制上也存在诸多问题，没有形成以编外人员为主要对象的培训、晋升体系。在此影响下，编外人员在事业单位中很难获得个人能力的提升，很多人往往觉得自己是局外人，单位内的很多活动都与自己无关。在这种工作氛围下，会造成大量编外人员的流失，从而影响事业单位人力资源队伍的稳定性。

二、事业单位编外人员管理措施

（一）严格把控编外用工数量及质量

一是要积极转变以往的管理观念，将编外人员管理纳入事业单位常规的人力

资源管理工作中。二是充分挖掘现有人力资源的优势，对各部门的现有资源进行有效的梳理与整合，在原有人力资源能够做好相应工作的前提下，不能随意聘用编外人员。三是通过政府调控、市场化服务等，推动服务市场化变革。相关部门要严把招聘及审批流程，慎重处理人员可用空缺，结合事业单位的实际岗位用人需求，对编外人员的招聘数量进行严格核算，防止出现岗位重复、用工效率低等现象。同时，制定合理的选拔任用制度。应从事业单位的实际情况出发，制定科学的选拔任用制度。同时，要充分考虑事业单位相应岗位工作的性质和内容，为编外人员提供合适的工作岗位，积极优化事业单位岗位设置管理。对事业单位而言，人才的选拔和录用对单位的未来发展起着非常关键的作用。因此，事业单位必须制定科学合理的选拔任用制度。在选拔人才时，要根据岗位的具体需求来选择合适的人才。在人才配置方面，要根据员工的实际表现和工作能力来进行具体的岗位分配，最大限度地发挥员工的工作能力，从而优化事业单位人力资源的结构，提升用人质量。

（二）规范编外用工的管理制度和考核制度

加快制定和出台国家机关和事业单位编外人员工作管理办法。对此，事业单位内部需要开发一些有关编外人员的管理系统，例如，依照《劳动法》及相关管理条例的规定，对编外人员的录用制度、工作考核体系、工资机制、辞退制度、解聘制度、工资纠纷制度等进行明确规定与建立。同时，制定完善的编外人员考核制度。以完成的任务和项目目标为中心，强化对非在编人员的控制与评价，并将绩效评估结果记录于相应的人事档案中，作为日后续约的重要参考凭证。具体应做到以下几点：

第一，在编外员工的管理及考核过程中，事业单位可以采用多种考核方式，如定期考核、管理者考核、随机考核、员工同行考核、自我考核等。之后，根据评估结果对员工实施鼓励或惩罚措施。

第二，事业单位在任用管理上要严格遵守岗位聘用的各项章程制度。在实际的工作中，依照工作内容需要和相关政策的要求，给予用人单位充足的聘用选择权，以提高事业单位人员配置的合理化水平。同时，要考虑不同岗位要完成的工作任务数量、任务的责任和工作内容体现的价值，并将其整合在一个完整的评级体系中。

第三，建立完善的竞争机制，在编外人员中形成良好的竞争氛围，增强人员的竞争意识与进取心。员工在上岗之前，应通过相关的资格能力考试，之后，根据员工的真实表现进行全面的评估，并从中选择最优秀、最合适的人才。这不仅有利于事业单位选出更适合单位发展的高素质人才，还有利于保持编外员工的积极性，为日后工作的顺利开展提供重要基础。

第四，对不同岗位员工的工作内容进行明确划分，明确每一位员工的职责和权限，鼓励员工在岗位上做好工作，充分体现个人价值，为事业单位提供充足的人力资源储备。

（三）保障有充足的编外用工经费，建立收入增长机制

首先，要设立事业单位编外人员专项用工资金保障机制，使编外人员享受到应有的福利待遇，确保用工资源的稳定性。其次，建立科学完善的收入增长机制，将事业单位编外员工的薪资与工作能力和业绩相关联，大力提升人员的工作热情和业务水平，推动事业单位工作质量的整体提升。从当前来看，有些事业单位对编外员工的薪资采取统一的分配方式，导致员工在工作中逐渐丧失积极性和进取意识，阻碍了事业单位的发展和进步。对此，在编外人员管理中，要建立针对编外人员业务水平和工作效率进行工资统计的薪酬体系。在该体系中，责任与奖励制度的有效运用，将有力提高员工的竞争意识，提高编外人员的工作效率和质量，进而营造良好的工作氛围，为推动事业单位的稳定发展注入新的活力。

（四）利用劳务派遣方式加强编外人员管理

在进行编外人员的招聘与管理时，事业单位可以加强与劳务派遣公司的合作。在具体的实施过程中，事业单位应结合自身的实际情况及用工需求，将编外人员的招聘、培训、劳动登记、工资福利支付、福利及保险、劳资纠纷处理等事项，委托给劳务派遣公司处理。这样做的好处：一是可以显著降低事业单位的管理成本，大大减轻行政负担，并提高人力资源管理工作的质量与效率。二是可根据岗位需要随时增减人员，招聘方式非常灵活。三是有利于减少劳资纠纷，如果在此过程中涉及劳务纠纷问题，应由劳务派遣公司与相关人员协商解决，从而防

止事业单位与借调人员之间产生人事纠纷，在节省事业单位管理精力的同时，也使编外人员的相关利益得到充分保障，从而形成互惠共赢的新局面。

（五）根据实际情况建立多元化的激励机制

单一的激励机制无助于编外人员工作积极性的提升，从员工的实际情况来看，每个人对奖励的需求有较大差异。因此，为了满足事业单位编外人员的切身需要，充分激发员工的工作积极性，需要建立更加灵活多样的激励机制。首先，针对不同年龄层的员工制定适当的激励措施。事业单位应根据员工的个人情况与实际需求，为其提供合适的激励措施。其次，在竞争制度方面，公开透明地处理与竞争考核有关的事务，确保机构内部竞争的公平性。同时，将考核评估结果与事业单位员工的薪酬分配和晋升挂钩，借助绩效考核的形式最大限度地消除事业单位中任人唯亲的现象。除此之外，在分析员工需求时，应充分尊重并考虑工作人员处于不同发展时期中的不同需求，并积极采用科学、全面的激励措施来满足员工多样化的需求。因此，需要对员工的思想、心理进行全面的了解与掌握，为员工提供更加科学合理的激励机制，使员工可以在实际工作中真正获得自我需求的实现，从而增强工作动力，这对事业单位的整体发展具有十分积极的意义。

（六）加强培训，加强人力资源建设

对于事业单位的编外人员而言，可以采用在岗培训、专业讲座、实践培训等多种形式进行分级培训，并以实践培训和在岗培训为主。针对技术人员，应进行专业知识与专业技能的培训，使员工了解并掌握当前先进的技术，提高员工的个人素质，不断提升人员的工作水平；对于生产工人，则应进行产品质量和产品生产流程的培训。因此，事业单位的人力资源部门要针对不同的员工群体，制定不同的培训计划与培训内容，并将良好的综合能力作为担任相应岗位的必备条件，深入落实职工的培训工作，从而打造一支高素质的事业单位人力资源队伍。

首先，在人才培养过程中，能力建设是十分重要的内容。在对编外人员进行培训的过程中，应加大对人才的开发力度，突出应用型人才的选拔与培养，使员工的职业技能跟随事业单位的发展而获得提升。同时，积极打造满足员工个人发展需求的职业培训体系，从持证上岗的角度出发，对员工进行高质量的职业培训。

其次，结合社会发展需求和事业单位的实际业务需求，创新培训内容及模式。例如，采用将员工的个人学习与课堂培训相结合，入职培训与持续培训相结合，理论培训与实践培训相结合等多种培训方式，保证培训形式的多样化与有效性。

最后，重视对人才创新能力的培育。在市场经济快速发展的背景下，以往的发展模式已经不能满足事业单位的发展需要。针对这一现象，事业单位应加大对创新型人才的培养力度，提升竞争力。在人才开发上，应善于运用多种科学手段，唤醒并调动编外人员的工作动力，增强人才的创新能力，为企业的发展提供源源不断的活力。

（七）重视单位文化的渗透与宣传，加强与员工的交流和互动

从本质上来说，事业单位文化宣传工作的根本目标是提高全体员工的文化素养，帮助员工在思想上形成良好的社会责任感、工作认同感、单位归属感等积极因素。这样有助于营造良好的事业单位文化氛围，有助于增强员工的凝聚力，为事业单位的稳定健康发展提供强大的精神力量。因此，在进行编外人员管理时，应高度重视事业单位文化的渗透与宣传工作，在策划宣传主题、制定宣传内容时，要充分保证内容的正面性与积极性，避免给员工的工作态度、职业精神、人生观念等带来消极影响。与此同时，在我们身边存在大量的负面文化信息或不正当言论。对此，管理人员应树立正确的舆论导向，对虚假、消极的信息应进行及时的清除，引导员工树立正确的思想文化观念。

除此之外，事业单位应加强与编外人员的交流与互动。例如，实时发布影响编外人员切身利益的各项决策，以及对编外人员重要的医疗、教育、福利等政策。同时，为编外人员提供网上答疑服务，以有效消除员工的困惑。同时，定期举行专题在线访谈活动，让员工可以在活动中自由发表自己的意见和想法。在实施重大项目和决策之前，应对公共事务持开放态度，征求员工的意见。另外，事业单位可以在内部创建一个公共互动平台，借助平台，员工可以与上级领导进行情感的交流与意见的反馈，以获得良好的回应。通过这种方式，可以进一步加深事业单位与编外人员之间的沟通和交流，通过有效的交流，事业单位能够了解员工的真实想法，加强与员工的联系，有利于赢得员工对事业单位工作理念的尊重与认同，激发工作动力，营造高效而和谐的工作氛围。

第三章 事业单位岗位设置与岗位聘用

第一节 事业单位岗位设置概述

随着事业单位人员、岗位的不断增多,为了适应新形势发展的需要,事业单位人事工作人员要加强岗位设置安全保障体系的构建与实施,以此来解决现阶段事业单位岗位设置管理的各种问题。实行聘用制度与岗位公开招聘制度,切实提高事业单位岗位设置工作,能更好地促进事业单位发展。然而,目前岗位设置管理工作仍然存在一些问题,因此,创新现有的事业单位人事制度有利于推进我国事业单位岗位设置的合理化。

一、我国事业单位岗位管理模式的创立背景

多年来,计划经济下政事不分的身份管理模式弊端日益明显,如国家对事业单位的行政干预过度,干部工人的身份划分不符合事业单位的行业和功能特点,不利于激励职工,事业单位不同程度存在效率低下,用人机制不活,人员结构不合理,人员干劲不足等发展难题,事业单位人事制度改革必须实现以下目标:政事职责分开、人员分类管理;单位自主用人、政府依法管理;激励机制高效,配套政策健全。故改革目标的实现需要事业单位建立符合三类人员特点的岗位管理制度和模式。

和此前政事不分的管理模式相比,新的岗位管理模式有以下优势:①以岗位为基础进行人力资源管理,而非以身份为基础进行人事管理,以岗择人首先强调岗位的需要,竞聘上岗更利于职工的发展;②事业单位管理权限界定更为合理科学,加大了事业单位选人、用人、管人的自主权。人社部门和主管部门只负责对事业单位岗位管理的政策指导和监督管理,明确事业单位自主进行单位岗位设置、聘用、考核等工作;③用人机制更加灵活。岗位管理要求竞聘上岗、以岗定

薪、合同管理，更利于激励优秀人才和淘汰不符合岗位要求的人员。

二、事业单位岗位设置的概念

事业单位岗位是指事业单位为完成职能业务和发展目标而设的最小工作职位，其名称、承担职责、工作完成标准、任职条件、任职环境、任职待遇等都有明确规定。事业单位有管理、专业技术和工勤技能三类岗位。工作人员通过聘用到相应岗位上从而与事业单位发生岗位聘用关系。

目前事业单位岗位管理不再指狭义的岗位设置，比较公认的岗位管理是事业单位基于岗位的一个系统的人事管理流程，包括岗位设置、岗位聘用、岗位薪酬、岗位考核、岗位培训、岗位人事争议处理等一系列环节。

事业单位岗位设置不仅将单位职能业务分解到岗位，而且把岗位间的区别联系用类别等级结构、岗位说明书等外在形式梳理清楚，是事业单位岗位管理的基础性环节。

事业单位岗位设置有两个关键环节，第一个关键环节是进行单位职责任务分析，确定单位岗位总量、三类岗位（管理岗位、专业技术岗位、工勤技能岗位）总量结构比例及岗位最高等级、三类岗位内部各等级岗位量及结构比例。第二个关键环节是在岗位工作分析的基础上编制岗位说明书，规范表述岗位名称、岗位职责、任务完成标准和任职条件等，为选择符合岗位要求的工作人员也就是岗位聘用环节打下基础，也为职工的职业生涯发展提供明确的晋升方向和路径，更为单位基于岗位进行的人员考核奖惩、培训等提供依据。所以，事业单位岗位设置是单位岗位管理的基石，对岗位管理的实施效果影响深远。

事业单位岗位设置应该基于单位职能和业务发展的需要，也就是因事设岗，不设闲岗，岗位保持总量最小化，此外，要对岗位进行分类分级，保证各类别、各等级岗位比例合理，岗位之间既有区别又协调配合，共同组成单位的岗位管理的基础性框架。

三、事业单位岗位设置的重要意义

事业单位岗位设置是事业单位基于其社会功能、职责任务和工作需要设置的工作岗位。在事业单位人事管理中实施科学化的岗位设置管理，可以使岗位实现合理化分配的同时，也可以帮助各岗位职工更加清晰明确地认识自己的工作内容和岗位职责，进而为事业单位的发展助力。总体来说事业单位在内部实行有效的岗位设置管理，其意义集中表现在以下三个方面。

（一）开展岗位设置管理有助于人员聘用制的不断优化

岗位设置管理的科学是保障事业单位建立及推行人才聘用机制、绩效考核机制等的前提条件，同时，岗位设置的科学有效开展可以为事业单位制定及实施长期、短期等人才聘用机制奠定坚实基础，并提高其灵活性，使事业单位可以充分行使人才聘用的自主权，比如，单位可结合内部的管理岗位、专业技术岗位、工勤技能岗位等不同岗位的要求，有针对性地制定出岗位的工作目标、职责及任务等，实时优化岗位聘用机制，使单位的人员聘用机制日益完善。

（二）开展岗位设置管理可增强单位对人才的识别度

事业单位内设置的岗位基本上是固定不变的，而人员则是可以自由流动的。因此，通过合理的岗位设置管理可以使人才配置与岗位设置实现有机融合，即将合适的人才安排到合适的岗位上，充分发挥其才能，为事业单位谋发展。同时，科学的岗位设置管理可以在事业单位中激发职工在岗位上的竞争意识，便于单位精准地识别人才，并提高人才资源利用率，进而优化事业单位的人力资源管理效果。

（三）开展岗位设置管理可提高职工的工作积极性

在事业单位中，推行竞聘上岗及聘期考核等科学有效的岗位设置管理，可激发单位内部职工的工作热情。比如，在事业单位中，可按需设岗，并"明码标价"，以此来促使职工提高积极性，勇于"揭榜挂帅"。同时，也可把年度考核及聘期管理有机结合起来，完善单位内部工作评价机制，精准考核及评价职工的实际工作成果，并将职工的考评结果与其岗位晋升及薪资晋级相挂钩，进而有效激发单位职工的积极性及创造性。

四、事业单位岗位设置应遵循的原则

（一）坚持科学发展原则

科学发展，就是要做到实事求是，把握事物发展的客观规律，并与社会发展的现实情况和客观环境相结合。事业单位岗位设置的理论来源于西方的工作分析理论，因此岗位设置工作的程序和关键环节也应以工作分析为参照。事业单位岗位设置工作涉及事业单位人事管理的六大方面：人力资源规划、人员甄选与录用、培训与开发、绩效考核、薪酬制度设计和职务分类。要进行岗位设置，就必须要了解人力资源管理的有关概念，把握岗位设置与事业单位人事管理六大模块间的内在联系，进而形成完整的制度体系。同时，事业单位岗位设置是改革中的新兴事物，没有既定的模式、经验的参考和依照。事业单位独有的组织性质和管理特征，要求岗位设置工作要符合事业单位的运行规律，而非对工作分析理论的生搬硬套。

不仅是从宏观政策的制定，岗位设置的微观操作也应体现科学发展。第一，事业单位岗位设置必须以科学的职能定位为前提。事业单位的职能决定了事业单位组织结构和人员构成，是事业单位岗位设置的基础依据。第二，事业单位岗位设置工作必须以事业单位科学发展规划为指导。岗位设置工作并不是一成不变的，需要在对事业单位未来发展方向的科学定位下进行合理规划。事业单位的发展目标和定位，决定了事业单位的主要岗位和辅助性岗位的比例和结构以及岗位的总体数量。第三，事业单位岗位设置工作必须坚持岗位和职务阶梯的科学搭配。事业单位岗位设置中管理幅度与管理层次的科学规划决定了岗位设置的合理性。管理幅度过大，管理层次过小，容易导致岗位数量少于实际工作需求，管理层管理压力过大，会影响事业单位的正常运行；管理幅度过小，管理层次过大，又容易导致管理岗数量过多，大于实际工作需求，工作内容过少，会导致事业单位的工作重心发生错位，由实际工作业务转向内部人员管理，降低组织的工作效率。

（二）坚持效率与公平原则

事业单位岗位设置要坚持效率与公平并重的原则。只看重效率不看重公平会使改革道路出现偏离，人心不稳，影响到事业单位人员的工作积极性，不利于人员的发展，甚至背离改革的初衷。只看重公平而不注重效率又容易导致改革步伐过缓，成本过高，影响事业单位的发展步伐。

岗位设置要实现身份管理向岗位管理的彻底转变，必然会影响一部分群体的既有利益，甚至会发生利益格局的变化。另一方面，面对事业单位多元化的人员结构等级，岗位评价制度也难以实现绝对意义上的公平。坚持效率与公平原则，是指由岗位设置工作衍生的一系列制度安排要保障制度公平，具有非排他性，另一方面也要具有可操作性和实效性。如人员选拔聘用时，评价系统应综合考虑，同时也要选定能够胜任岗位的关键性指标，要坚持普遍性和特殊性的统一。只有在事业单位岗位设置工作中抓大放小，同时又兼顾公平，才能使岗位设置工作尽快见到实效。

（三）坚持可持续的基本原则

纵观此前事业单位人事制度改革，尽管在编制、经费拨付形式、工资、干部聘用等方面都进行了改革，但由于改革缺乏系统的谋划，改革后的制度往往缺乏可持续性。要真正建立符合事业单位特点的人事管理制度，就要从根本上打破行政体制对事业单位人员管理的限制。

事业单位岗位设置工作要坚持可持续的原则，其可持续性主要体现在两个方面：一是事业单位岗位设置工作要具有一定预见性，即事业单位岗位设置工作不仅要考虑事业单位的现实状况，还要考虑与事业单位长期发展相适应的人员结构。这就要求从事岗位设置工作不仅要有实事求是的态度，还需要发展的眼光，岗位设置的各个环节都要考虑是否能够顺应未来一段时间内组织发展需要。二是要具有动态理念。岗位设置管理过程并不是一成不变的，作为一种动态管理机制，岗位设置在运用过程中，要充分把握事业单位发展变化的状况，在保持一定稳定性的前提下，要建立反馈机制，保持充分弹性。在岗位需求发生变化时，岗位设置管理能够及时对岗位进行调整。换言之，事业单位岗位设置管理要具有一定灵活性和适应性，能够适应环境的变化。

（四）坚持公益性原则

公益性包含了两种涵义：一是事业单位的非营利性；二是事业单位的公共服

务性。事业单位岗位设置工作必须将公益性作为开展工作的首要原则，这也是事业单位区别于其他性质法人组织的首要特征。

坚持公益性原则是要明确，事业单位岗位设置工作不是为提高事业单位的营利能力服务，而是要从满足公众对于公共服务的需要出发进行谋划。公益性原则是由事业单位的组织宗旨和存在基础决定的。事业单位的组织目标是保证社会各类群体享受公平的公共服务，即与企业不同，事业单位是追求社会效益最大化的社会组织。因此，在事业单位岗位设置中必须始终把保持和提高公共服务的质量和水准置于优先地位。尽管在事业单位岗位设置工作很大程度上借鉴了企业岗位设置的研究成果，但绝不能生搬硬套，而是要创造性地学习，保障事业单位岗位设置管理符合事业单位自身和社会公益的实际需求。

我国此前事业单位的改革中，过分强调"减员增效"鼓励"创收"而导致公共事业领域整体服务水平明显下滑的教训警示我们，事业单位岗位设置工作必须对保持和提高公共服务质量给予足够重视。

另一方面，事业单位还承担着保持和提高国家竞争力的重要使命，因此，事业单位岗位设置还要顺应"科技兴国"的战略要求，从重视人才发展，为提高地区科研能力提供人才支持的高度进行谋划。只有战略高度注重事业单位岗位设置管理工作，才能使事业单位掌握一批战略性人才，更好地为提升国家和地区整体的科学技术水平和研发能力服务。

五、事业单位岗位设置的主要内容

（一）合理确定单位的岗位总量

在确定事业单位的岗位总量时，要充分根据不同部门的职能和工作总量来确定，明确事业单位的定岗定员的组织结构，对不同人员的编制进行有效的安排与划分，采用科学方法确定不同人员的岗位设置工作。坚持实事求是的原则，有效分析事业单位的定岗、定员工作。

（二）合理确定岗位类别和岗位等级的结构比例

事业单位的岗位设置管理人员应当明确岗位设置管理职责，根据不同人员的岗位职能进行划分，可以分为管理岗位、技术岗位与工勤技能岗位三种。完善事业单位岗位设置确定类别与岗位等级的标准，尤其要贯彻事业单位岗位设置管理工作的落实，提升事业单位岗位设置的管理水平，提升事业单位整体的服务水平。

（三）明确各岗位职责和任职条件

事业单位的岗位设置管理人员要明确各岗位职责，岗位各项工作要求，岗位各项工作目标，确保事业单位岗位设置中各项工作职责明晰。尤其要制定相关的任职条件与任职要求，使相关人员能规范自身的工作行为，严格要求自身。

（四）开展竞聘上岗，实行岗位管理

事业单位岗位设置过程中遇到一岗多人时要实行竞聘上岗，要不断优化岗位管理机制，制定合理有效的岗位竞聘运行方案。一般可从职业道德、岗位职责、能力水平、工作业绩等方面对员工进行民主测评，总分从高至低依次聘用。对一些空缺的岗位采取公开招聘和竞争上岗、择优聘用的方式，优化岗位管理。

六、事业单位岗位设置中的现存问题

岗位结构与人才队伍建设匹配度较低事业单位的岗位类型及结构比例通常都是在岗位聘用之初便确定好的。但是随着事业单位的不断发展，事业单位的更新出台了很多新的人才政策，再加上人才引进力度的不断加大，事业单位中招聘和引进的博士、硕士等高学历人才逐渐增多，无形中导致单位现有的岗位类型及结构比例等与人才队伍建设之间的矛盾越来越突出，严重影响了事业单位人事管理的效率及质量。另外，在职称制度和人才分类评价机制的深化改革背景下，很多单位岗位设置还是使用"快速分配"的招聘模式，为留住人才，都是哪里有空缺就尽快安排进去，这样极易出现人才综合素质与岗位要求不匹配的问题，进而加剧岗位结构与人才队伍建设间的矛盾。

（一）岗位聘用与职称评审衔接存在不畅

岗位聘用和职称评审是事业单位中调动专业技术人员工作积极性的两个重要

手段，有助于事业单位的健康发展。但是实践中，岗位聘用与职称评审的衔接存在许多不畅之处。比如，事业单位对内部人才进行分类、评价中，为职工提供多种职称申报及评审渠道，但岗位聘用工作依然未做太多改变。在某单位，医生、护士、财务会计、药剂师、档案资料等各系列职称人员，其评聘方式各有不同，例如，其中医师、护士等职称可评聘结合，而政工等职称要通过转系列才可聘用。总的来说，现状就是满足聘用条件及要求的人比较多，而单位实际设置的岗位数却比较少，导致人岗不相符及岗位聘用"排队等候"等问题突出。

（二）聘期管理与期满考核难以切实落到实处

事业单位中，推行岗位管理及人员聘用等制度的根本目的就是要保证人才能进能出、岗位能上能下、待遇能高能低。但是，现实中相关机制并没有完全有效落到实处，相应的考核机制也有待进一步健全。具体来说有以下几点表现：第一，岗位能上能下、人员能进能出的措施并没有切实落到实处，导致"一岗定终身、论资排辈"的现象依然存在，同时，降级聘用、辞退或者解聘等也未有效落实。第二，制定的聘用合同目标及任务大部分都是固定模板，可签订的个性化条款很少，通常单位都是"照本宣科"式地签订聘用合同，导致聘用合同灵活性较差。第三，聘期考核形式通常大于考核内容，但考核要求却较低。比如，签订岗位聘用合同时所要求的岗位工作目标及岗位任务，其完成情况及完成质量通常都未得到有效监督，考核机制并没有发挥其应有的约束力。

（三）岗位设置的配套机制还需进一步完善

岗位设置文件中只是明确了岗位设置的总体框架，并未针对事业单位实际情况做细分。而现实中事业单位不仅类型多，而且各单位的情况也不尽相同，所以导致操作细则也并没有统一。实际岗位设置中，事业单位通常是根据国家及省级主管部门的相关制度文件按部就班地进行。

七、事业单位岗位设置的应用策略

岗位设置的科学与否直接关系着事业单位人事管理工作实施的质量。鉴于此，事业单位需正确认识岗位设置中现存的问题，并基于问题探索针对性优化措施，规范岗位设置流程，明确岗位设置目标，完善岗位管理体系，进而推动事业单位向前稳健发展。

（一）深化对岗位设置初衷的认识

事业单位开展岗位设置管理的初衷不仅是要为职工提供福利，也是要调动职工的积极性、主动性及创造性，使其能够勇于奋斗、敢于担当，为单位谋发展。同时，岗位设置管理也赋予了各层级职工一种岗位职责及使命担当。因此，事业单位要深化对岗位设置初衷的认识，立足于"按需设岗、竞聘上岗、按岗聘用、合同管理"，落实好每个岗位的设置管理。另外，事业单位也应采用前瞻性的眼光分析岗位结构，对岗位变化进行动态化预判，对现有岗位结构比例进行优化，严抓岗位聘用落实，优化单位人才结构及配置，使岗位设置充分发挥出其价值及作用，为事业单位长久稳健发展奠定基础。

（二）实行职称岗位评聘分开机制

职称主要是用来对专业技术人员的个人技术能力及专业水平进行科学准确评价的有效措施，而事业单位的岗位设置则是根据自身的社会功能、职责任务及发展需要而进行岗位设置，侧重于强调工作的标准及任务。这就是说，评得了职称并不等于是有了相应的岗位。因此，为了在人才分类评价背景下，给人员提供更加多元化的晋升途径，事业单位需积极建立并实行评聘分开、竞争上岗及择优聘任等机制，加强职称评审和岗位聘用工作的有效性及规范性。同时，事业单位也要建立动态化的岗位结构比调控机制，并不断完善，从而在有效改善职称资格人员不断增长与岗位结构数量不平衡问题的同时，帮助单位吸引更多的高层次人才。

（三）明确岗位聘用目标任务

岗位设置管理归根到底就是为事业单位发展服务的，因此，设置的岗位职责及岗位目标任务要与事业单位的职责及发展目标相统一。为此，事业单位在设置岗位时，首先要立足于自身的社会职责及发展目标，对岗位管理机制进行不断完善，协调人岗相匹配；确定并细分岗位聘用的目标、任务，使能力强、素质高、有担当、能干事的人员可以通过竞争获得理想岗位，实现优选人才的目标，推动事业单位发展。另外，事业单位也探索实施跨级聘用及降级使用等新型岗位管理措施，在单位内部为能力强、想干事、能干事的人提供更多晋升的机会，并及时淘汰能力低、混日子的人，使事业单位内部充满活力及创造力。

（四）强化岗位聘用目标考核工作

岗位聘用合同是事业单位考核及评价职工聘期内岗位职责及任务落实情况的关键依据。因此，事业单位要想优化岗位聘用工作，就应不断强化聘期考核，适度淡化年度考核，使考核监督的指挥棒作用得以有效发挥。具体来说，事业单位应以业绩为核心编制完善的考核机制，根据各层岗位工作实际，研究制定定性与定量结合、近期与长远统筹、个人与团队兼顾的考核机制，完善各岗位职工工作业绩的考评工作。同时，要切实运用好考核结果，使聘期考核结构跟下一轮岗位聘用有效结合在一起，对聘期考核不达标的，则需对其岗位做降级处理，使单位内部形成可上可下的岗位聘用机制，做到岗位的动态化设置管理。

（五）完善岗位设置配套机制

完善的岗位设置配套机制是事业单位进行治理体系建设及提升治理能力的关键组成。鉴于此，事业单位在设置岗位的时候，应基于单位的主要职责、发展目标及人岗匹配理论制定相应的绩效考核制度、竞争制度及奖惩制度等，构建完善的岗位设置配套管理机制，激发各岗位人员的工作热情及创造力。同时，事业单位要根据员工的职称、学历、工作热情、工作经验、实际业绩等做好综合评分，并加强奖惩制度和竞聘制度的落实和执行，采取公平、公正的方式进行人员选拔，为事业单位的健康发展奠定人才基础。

（六）明确岗位职责与权限

在事业单位内部通过分析和评价岗位聘用工作现状及未来发展，对岗位设置的基本条件及要求进行进一步明确，同时，深化分析单位内部岗位工作环境、性质及任务，对各岗位工作职能进行进一步规范。另外，事业单位应根据责任到人的原则，在单位内部构建完善的责任机制，进一步明确各层岗位人员的职责及权限。并根据单位现实需要量化、细化岗位的产出考核指标,为聘期考核提供参考依据。

(七) 建立科学合理的聘期考核体系

岗位聘期考核机制是事业单位对聘期内各岗位人员的岗位职责履行情况、工作任务完成情况及与岗位的匹配情况进行考核的重要制度依据。因此,为保证岗位聘期考核的科学性、公平性及效果,事业单位需基于自身现实发展需要,结合岗位职责及工作任务等,构建科学完善的岗位聘期考核体系,并严抓落实,保证各项岗位聘期考核工作都能做到公平、公正、公开。同时,事业单位设置岗位时,应综合考虑岗位需要及重要业绩等指标,并结合"德、能、勤、绩、廉"等要求细化、量化聘期考核内容,进一步规范岗位聘期考核工作。另外,制定岗位聘期考核方法时,需结合岗位特点,制定针对性的考核方法。并把考核结果与岗位的聘任、续聘、绩效分配等有机联系到一起。最终通过构建完善的岗位聘期考核体系,在事业单位内部形成"能者上,庸者下"的用人机制,营造激励先进,鞭策后进的良好氛围。

第二节 事业单位岗位聘用制的发展

一、岗位聘用制的内涵

(一) 国家推行岗位聘用制的背景

目前,事业单位分布在不同行业,如教育、科学技术、文化、卫生、体育、企业管理与咨询,等等。归属广泛,如:有各级党委部门设立的事业单位、人民政协和民主党派机关设立的事业单位、国家机关设立的事业单位、社会团体设立的事业单位、国有企业设立的事业单位等。由于多数事业单位都有不同的归属部门,所以构成的关系多样,交叉在一起,十分复杂,难以分清。

单位性质复杂,导致的结果是:有的享受着事业单位的待遇,却完全从事着与政府部门一样的行政管理活动,还可能拥有比一般政府部门大得多的行政权力;有的挂着事业单位的牌子,却直接从事着如企业一样的经营活动;有些并非法定承担政府职能的事业单位,却可能拥有由主管部门直接和间接转移过来的行政职能;有些单位全部或者大部分受国家财政资金供养,却仍然变相地从事着收费性经营活动。事业单位与国家机关实行一体化的人事制度。事业单位的管理人员与专业技术人员同属于国家干部,执行与国家机关相同的干部人事制度;事业单位的工人与国家机关的工人同属于机关事业单位工人。事业单位工作人员与国家机关工作人员在任用关系、奖惩考核、工资分配、福利保障等方面基本没有区别。原来"大一统"的人事制度既不能体现事业单位与行政机关的区别,也无法反映不同事业单位及事业单位内部管理、技术、工勤等岗位、人员的不同性质与特点,因而无法针对上述不同建立不同的管理与激励模式,从而无法对事业单位各类工作人员实行科学化、精细化的管理,只能进行粗线条式的管理,不利于事业单位各类人才的成长与积极性的调动。为此,事业单位岗位聘用制应运而生。

(二) 岗位聘用制的含义

事业单位岗位聘用制是事业单位与工作人员通过签订聘用合同,确定双方聘用关系,明确双方责任、权利、义务的一种人事管理制度。通过实行岗位聘用制,转换事业单位用人机制,实现事业单位人事管理由身份管理向岗位管理转变,由行政任用关系向平等协商的聘用关系转变。事业单位干部人事制度改革,是在单位总的编制控制以内,按需设岗,按岗聘用,择优双向选择。

(三) 岗位聘用制的内容

岗位聘用制包括以下内容:一是岗位聘用制的对象是事业单位全体工作人员。二是岗位聘用制的原则是公开平等、双向选择,用人单位有权选择是否聘用某位工作人员,工作人员也有权选择是否受聘于某个用人单位。三是聘用合同是唯一用来约束用人单位和受聘人之间关系的法律文件。聘用合同应明确双方的权利义务、工作岗位条件和期限、报酬及相关事项。事业单位通过合同对工作人员进行管理,工作人员在合同约定以外可以自由活动。

岗位聘用制与早期的干部聘用制相比,其特点主要表现在:一是岗位聘用制中，受聘人和事业单位之间不存在依附关系，受聘人和事业单位都是独立主题。用人单位与受聘者个人之间是契约关系，并以此来确认聘用上的责任、义务和权利。二是岗位聘用针对的是事业单位的所有工作人员，是一种基本的用人制度，不分工人或干部，也不分领导干部还是技术人员。三是岗位聘用制给予现代人力资源管理理论的是一种自由、平等的新型用人制度。它把人当作一种资源，其目的是科学、有效地开发人力资源，激发人的潜能。

（四）岗位聘用制的意义

1. 有利于引入竞争和激励机制

岗位聘用制是事业单位人事制度改革的一项重要举措，在实施过程中，许多事业单位勇于创新、敢于开拓，明确地规定现有岗位的职责要求，一改过去组织安排工作的传统习惯，大胆引入竞争机制，采取"双向选择、竞争上岗"的方式聘任各类人员，创造了一个人尽其才的内部环境。通过竞争上岗，真正实现了干部能上能下，打破了干部和工人的身份界限，改变了过去一次分配定终身的僵化用人方式。同时，竞争机制的引入也使广大职工意识到，在激烈的竞争条件下，如果自身没有真才实学，没有过硬的本领，就有可能丢掉自己的饭碗，成为富余人员。继而广泛地推动职工的积极性，形成内部相互竞争的环境，促进事业单位的改革进程。在引入竞争的同时，许多事业单位根据自身的特点，大胆地探索，把人事制度改革同内部分配制度改革有机地结合起来，建立起激励机制，把改革引向了深入。一些单位根据按劳分配的原则，提出了分配应向效益倾斜的思路，在内部实行工效挂钩，形成了按劳动效益分配为主的原则，辅以按资（股）分配（分红）、信息奖励、技术奖励、质量奖励、风险奖励等多种形式的较灵活的新的分配机制，在保证职工基本工资收入的基础上，按责任、贡献和风险的大小，拉开职工的分配档次。

2. 有利于调动职工的积极性和创造性

事业单位人事制度改革的根本目的是增强事业单位的活力，以适应社会主义市场经济的需要。而事业单位活力的源泉，从根本上说，在于广大职工的积极性、智慧和创造力，事业单位的活力能否增强，归根到底取决于全体人员的积极性和创造性能否最大限度地得到调动。事业单位长期实行录用制度，用人单位难以得到急需的管理人才和专业技术人才，而事业单位的人员也没有选择权，一次分配定终身，无法使各类人员找到适合个人专长的岗位。这就大大阻碍了各类人员积极性、创造性的发挥，使事业单位缺少活力。通过实行聘用制，签订聘用合同书，用人单位和职工之间建立了新型劳动关系，干部的固定身份失去了现实意义，从而使干部的"铁饭碗"和"铁交椅"失去了存在的依据，由此将大大激发全体职工的竞争意识，使优秀人才脱颖而出。

3. 事业单位聘用制下薪酬制度的激励功能

传统的事业单位工资分配制度存在以下两个主要问题：一是传统的事业单位工资分配制度主要体现干部职工的资历，没有将干部职工对单位的贡献作为决定工资水平的主要因素，工资的价值导向出现偏差。二是传统的事业单位工资分配制度激励作用差。传统的事业单位工资项目繁杂，大部分干部职工对自己该拿多少工资，为什么拿这些工资，都不甚了解。而且工资差距太小，干好干坏，甚至干与不干，工资差别都不大，由此产生的行为方式将是以不犯错误为开展工作的第一考虑要素，因为只要不犯重大错误，工资就不会降低，工资的激励作用无法充分发挥，从而导致事业单位干部职工工作开拓性较差，事业难以取得发展，因而事业单位原有的人事制度不能调动员工的积极性。旧有的事业单位的工资增长与调整，由国家根据财政状况、国民经济发展统一进行，由政府人事部门统一审批。这种高度集中统一的工资分配模式，使事业单位自身的工资水平与社会服务质量、经济效益脱节，难以调动单位和职工两个方面的积极性。如今事业单位聘用制的推行使竞争机制、激励机制引入事业单位的用人制度之中，按照公平竞争、择优选用的原则，建立起一种自我激励和自我约束机制，增强了事业单位人员的压力感和责任感，调动了各类人员的积极性。

作为事业单位的基本用人制度，聘用制体现了公平、公开、平等、竞争、择优的原则，解决了旧有机制下人员能进不能出、待遇能高不能低的问题，充分调动了职工人员的工作积极性，形成单位内部的良性竞争，使单位效益得到提高。建立一套完善的、科学合理的、适应事业单位岗位聘用制改革的薪酬制度，是事业单位实施人员聘用制改革的必然要求，也是事业单位人员聘用制改革的关键。《关于加快推进事业单位人事制度改革的意见》中明确提出了事业单位聘用制要

"建立形式多样、自主灵活的分配激励机制"，科学合理的薪酬制度就是要打破平均主义大锅饭、干好干坏一个样的传统弊端，逐步建立起重实绩、重贡献、向优秀人才和关键岗位倾斜，形式多样、自主灵活的分配激励机制；建立起以岗定酬、以任务定酬、按业绩定酬的分配制度，体现按劳分配和效率优先、兼顾公平的基本原则。聘用制薪酬制度是一种新的分配制度，是事业单位建立充满生机与活力的竞争激励机制的重要内容，是实施聘用制改革的关键。

国家出台的一系列新的分配政策有：实行按岗定酬、按任务定酬、按业绩定酬的分配制度；转制为企业的，可以实行企业的分配制度；可以实行一流人才、一流业绩、一流报酬的分配办法，允许高薪聘用个别拔尖人才；试行按项目分配的办法；技术、管理等生产要素参与收益分配，从近几年国有资产增值部分中拿出一定比例作为股份给职工；在职务科技成果创新取得的收益中，提取一定比例，用于奖励项目完成人员；事业单位可以试行工资总额包干和工效挂钩办法；允许兼职兼薪，多劳多得；对有重大科技发明、贡献突出的杰出人才实行重奖；等等。

二、我国事业单位岗位聘用制的发展历程

（一）事业单位岗位聘用制运行的探索阶段（1978年至20世纪90年代初）

为使得事业单位人事制度适应社会主义市场经济体制的发展，改革传统的干部人事制度，部分地区和单位部门进行了合同制聘用的改革试点。

1994年，党的十四大在机关、事业单位的工资制度改革方面进行了改革，实现了事业单位的工资与党政机关的工资的分离，并针对事业单位职工的工资标准进行分类，建立起专业技术人员、管理人员和职工工资的三类标准，依据工作特点和投入比例进行工资发放。在此基础上建立起"分类管理、分类指导"的科学化工资管理模式。工资制改革的一个重要作用就是直接强化了单位激励机制，使得单位资源分配更为灵活，将单位人员的贡献率与所得报酬挂钩，很大程度上减少了搭便车现象，调动了人员工作的积极性，提高了单位办事效率，为后面建立和完善适应市场经济体制的工资制度奠定了基础。

1995年，人力资源与社会保障部和中央编办共同召开关于全国事业单位机构和人事制度改革的会议，这次会议明确了事业单位的改革思路，要求实现总体布局的科学化、分类管理的多样化、发展方向的社会化和总量控制的制度化，并拟定了《事业单位聘用制暂行办法》《关于事业单位人事制度综合配套改革的意见》，指明了事业单位聘用制改革的前进方向。在中央的支持下，部分地区率先试点推行聘用制，上海人事局发布了《上海市事业单位实行聘用合同制暂行办法》，南京市也发布了相关条例并以27家事业单位为试点推行聘用制改革，到1996年为止全国极大部分地区都进行了不同形式和不同程度的聘用制改革。

1999年8月，在天津召开了全国专业技术人员事业单位人事制度改革工作会议，这次会议明晰了改革的方向：推行具有事业单位特色的人员招聘制度、岗位分配及管理制度、人事监督和激励惩戒制度以及和未聘用人员的分流安置制度。

（二）事业单位岗位聘用制运行的发展阶段（20世纪90年代后期）

20世纪90年代后期，我国加入世贸组织，市场化进程加快，对单位改革提出了更高要求，尽管前期的摸索积累了不少有益经验，但与社会的发展进程仍然不相适应，如何快速推进事业单位的人员聘用制变成一项艰难又紧急的重任。

2000年6月，我国下发《深化干部人事制度改革纲要》，针对事业单位人事管理上机制僵化、资源浪费、铁饭碗式职务终身制等问题的存在，明确了改革的要点：在事业单位中重点推行聘用制和岗位管理制，因地制宜，逐渐创立与不同类型事业单位特色相适应的人事制度，建立起完善的用人机制和公正的分配机制以促进人才队伍的成长。2000年7月又发布了《关于加快推进事业单位人事制度改革的意见》，一个重要内容就是将竞争机制引入事业单位人事管理环节，解除职务终身制，使人员聘用制成为基础的用人制度，变单一的固化用人模式为多元化动态化，动态化与稳定性相结合，固定岗位与流动岗位相结合、专职化与兼职化相结合的用人举措。

2002年7月，国务院转发《关于在事业单位试行人员聘用制度的意见》，从政策上为人员聘用制提供了依据，提出要转变事业单位用人形式，完成单位成员由依据身份进行管理到岗位责任管理制的变革，人事关系上实现由行政任用向平等协商的转换，真正创建起与社会主义市场经济相对应的事业单位人事制度。

2004年7月,人力资源与社会保障部会议指出,在试点单位推进人事制度改革整体部署和要求时要因地制宜,在管理体制方面结合具体实际做出适当调整和创新,转变用人机制,推进配套改革,积极探索寻求规律,于改革中谋求发展,于试点中积极总结,深入实践走出一条符合中国特色的人事管理新路径。

(三) 事业单位岗位聘用制运行的突破阶段(2006年至今)

我国事业单位数目庞大,种类多样,其改革难度远远高于机关和企业,随着事业单位内部各项制度的改革和完善,特别是在聘用制的广泛推广和运用的基础之上,初步转换了事业单位的用人机制,在前期所积累的改革经验的基础之上,为继续顺利推进聘用制改革,国家对事业单位人事改革方面的政策进行了进一步的细化,选择了对事业单位的岗位设置进行管理,并以此为突破口进行改革。因为岗位设置作为人事管理工作的首要环节,在整个人事管理中发挥着重要功能,只有界定安排好组织岗位,才能顺利推进后续的招聘、考核、晋升和奖惩等环节。唯有科学进行岗位设置和分类化管理,才能在事业单位中实现真正的岗位管理。

人力资源与社会保障部于2006年出台《事业单位公开招聘人员暂行规定》,从"进口"环节对单位人事进行了相关规定以配合岗位管理工作的开展,根据要求,除按照国家政策对部分事业单位新进人员进行安置,由上级依据人事管理权限对其进行相应任命,还有确需以其他方式进行选拔的岗位之外,都需要采取公开招聘的方式。这次规定对制度化建设进行了通过强化,对事业单位的入口环节予以规范,同时增强了对人事管理各个环节的监督,以保障事业单位在人才选用方面的客观性和公正性。

2006年6月,为建立健全科学合理的分配制度,以适应事业单位聘用制改革和岗位管理的有序推进,人力资源与社会保障部颁布了《事业单位工作人员收入分配制度改革实施办法》,办法内容上对事业单位的收入分配进行了规定,基本确立了与事业单位的性质与岗位特征相符合的收入分配制度。全国各地区各部门在国家政策的指导下,结合自身实际情况,制定了相关改革措施,人事制度改革也稳步开展,通过此次改革,逐渐转变了按照党政机关工作人员的管理方式来管理事业单位工作人员的方式,淡化了身份管理,激发了员工的积极性和创造性,提高了事业单位的社会服务效率。

2011年，人社部为促进事业单位人事改革的顺利推进及相关制度建设的有序进行，会同相关部门对《事业单位工作人员考核规定》和《事业单位工作人员奖励规定》进行修改和完善，从而对事业单位的招聘工作予以完善，2014年6月30日，省人社厅发布了针对人事条例的解读，明确提出将事业单位与员工之间的关系转变为"合同关系"是该条例实施的最终目的，从根本上破除职位终身制，从而畅通人员进出口，使单位人员能进也能出。

2017年11月10日我国颁布了《事业单位公开招聘人员暂行规定》，旨在实现事业单位人员的制度化、科学化和规范化管理。《事业单位公开招聘人员暂行规定》对事业单位聘用制公开招聘的原则标准、招聘范围、条件、程序、招聘方式以及聘后监督管理的相关方面进行了详细的规定，为事业单位聘用制的落实和执行提供了强有力的指导。

第三节 事业单位岗位设置与聘用问题及对策研究

一、事业单位进行岗位设置与岗位聘用的意义

岗位设置与岗位聘用主要是指单位与职工本着双方自愿和地位平等的原则，单位依据发展的需求确定并设立岗位，对满足岗位条件标准的人员进行聘用，经过友好协商达成一致，将职工安排到所需岗位为单位做贡献。科学合理的岗位设置对于推动事业单位的人事管理升级和改革有着非常重要的促进意义。

一方面，事业单位进行岗位设置与岗位聘用是事业单位进行人事制度改革的迫切需要，事业单位的背后是国家政府，政府归根到底服务于广大人民群众，岗位设置与岗位聘用有助于改变传统意义上事业单位的用人制度，将以往人员固定的"铁饭碗"制度打破，转而让职工成为聘用合同工，享受聘用岗位工资，彻底打破职工的怠惰心理，给职工以压力和紧迫感。岗位工资有助于将职工的日常表现与工资待遇密切联系起来，给予职工物质上的激励，如此一来，岗位设置与岗位聘用构成了薪酬分配制度的根本性前提，进一步深入推进了事业单位的用人制

度改革，提升了职工的积极性和高质量程度。尤其是随着改革的持续深化，事业单位削减开支，精简人员，岗位设置与岗位聘用能够对职工进行科学有效的管理，最大化发挥每位职工的能量为单位做出贡献。

另一方面，岗位设置与岗位聘用能够极大地助益事业单位人才队伍的构建和发展，岗位设置能够极大地将原本重视人员的规模和数量转变为聚焦事业单位的人才素质的提升，强调更加注重质量，唯有高素质、思想觉悟高、专业性强的人才能看得更远，更容易解决事业单位发展过程中不断出现的问题，带领事业单位更好地服务于群众。

二、事业单位岗位设置与岗位聘用中存在的问题

尽管事业单位岗位设置与岗位聘用开展已久，为事业单位的发展提供了非常大的帮助，积累了宝贵的经验教训，然而在实际的工作过程中，仍旧不可避免地存在一些比较突出的问题亟待解决。

（一）岗位聘用的矛盾较为突出

目前而言，相当多的事业单位存在着因人设岗的现象，这就造成事业单位处于被动的局面，无法依据单位的工作任务量以及发展规划来合理地设置岗位，造成岗位设置以及聘用过程缺乏科学客观性，人为的主观性较强，很多岗位在设置的时候条条框框过多，例如论文、奖项、业绩等使得真正需要的人才被拒之门外，极大地弱化了岗位设置的功效发挥，成为新的形式主义。与此同时，事业单位优中选优聘用的原则没有得以认真贯彻和实施，造成岗位聘用矛盾仍旧非常突出。

（二）岗位职能不明晰，工作杂乱无章

岗位设置与岗位聘用的升级和改革要充分考虑到岗位的分级和细化，要科学对每个岗位进行严格的级别划分，事业单位的岗位分级往往没有执行到位，极易造成岗位划分后工作的严重滞后，而且事业单位的普通职工、领导阶层以及后勤保障人员岗位职能不够明确，相当多的岗位存在着交叉管理，造成了工作之间的兼任现象非常普遍，很多时候造成工作内容杂乱无章，职能责任一锅粥，难以

区分。

(三) 事业单位岗位结构不合理，极易造成事业单位人才流失

事业单位岗位设置与聘用存在矛盾，岗位结构不合理。事业单位的专业技术高级、中级、初级岗位国家规定结构比例，表面看具有一定的合理性，但不符合现实。事业单位的新招聘人员大多都是刚毕业的大学本科生、研究生，按照这种设置要求，新进的学生到单位后，享受的档次自然很低，而且会长期处于低档次状况，原因是这种岗位结构设置造成中低档次偏重且过多，而高档次较少，晋升空间狭窄，阻碍了人员的晋升通道，导致非常大的不公平出现，极易造成事业单位的人才流失。

三、解决岗位设置与岗位聘用中存在问题的措施

(一) 科学规范设置岗位结构

事业单位的岗位设置要密切结合当前的工作状况以及工作形式来进行，同时展望事业单位未来一段时间的发展规划，要看岗位的设置是否能够充分满足单位发展的需求，要从规模上做到严格的监控和管理，深入调研和分析当前的岗位设置状况，科学合理地预测未来事业单位的人才队伍建设情况，岗位的设置要始终秉持以人为本的重要原则，增强事业单位的服务效率和服务质量，决不能出现人才的断层，充分考虑业务素质过硬、思想进步较快的骨干职工的晋升。

(二) 不断提升领导阶层的综合素质，严守原则问题

岗位设置与岗位聘用要以转换事业单位的用人机制和灵活用人为重要侧重点，着力建立有别于机关和企业，权责明晰、科学分类、监管力度足、与事业单位的实际情况密切符合的人事管理制度。简而言之，就是实现事业单位人事管理的科学化、制度化，岗位的设置与岗位聘用要坚持与事业单位的现行既定政策相契合。岗位的聘用过程中要严格按照流程来操作，领导阶层十分有必要成立专门的监督管理行动小组，相关领导要用心统筹和安排管理，做好各个部门的协调工作，杜绝岗位聘用过程中的徇私舞弊现象，以身作则，给事业单位的职工起到优

异的表率作用,以高标准严要求最终确保岗位聘用的公平、公正、公开,为事业单位选拔真正需要、真正用得上的人才。

(三) 构建和完善科学的绩效考核机制,激发职工工作热情

若想从根本上调动职工的工作积极性,就要将职工的绩效考核放在比较突出的位置,唯有注重职工的绩效考核指标,方能持续提升事业单位人员的素质和业务能力,以更好地满足广大人民群众的需求,对于绩效考核优秀的职工就给予较高的绩效水平发放,对于不合格的职工要予以部分绩效惩处、做工资降级处理,对于表现突出的职工要给予薪酬等物质方面的奖励以及精神奖励,激发职工竞相奋进向上的意识。尤其是对于根据创新工作需要设置开展科技项目开发、科技成果推广和转化、科研社会服务等工作的岗位,即所谓的创新岗位,单位绩效工资分配应当向在创新岗位做出突出成绩的工作人员倾斜。创新岗位工作人员依法取得的科技成果转化奖励收入,不纳入单位绩效工资;取得的技术项目开发、科技成果推广和转化、科研社会服务成果,应当作为职称评审、项目申报、岗位竞聘、考核、奖励的重要依据。

第四章 事业单位公开招聘与选拔任用

第一节 事业单位公开招聘概述

目前我国正处于改革发展的关键时期，事业单位作为服务社会的重要组织，作为为人民服务的主体，也是党和政府的代表，其所涉及的各个岗位均应充分发挥责任职能，只有这样才能更好地保障社会的稳定，人民生活的和谐。为了能够达到这一理想目标，事业单位的人事部门应将招聘、选人用人工作作为切入点，通过转变传统的人才选用理念、优化选人机制、增强用人机制的灵活性等措施来有效地提高选人用人工作效率，充分挖掘人力资源在所处岗位上的潜力，真正做到物尽其用、人尽其才，为促进行政事业单位的稳定发展添加助力。

一、事业单位公开招聘的基础知识

（一）事业单位公开招聘的含义及特点

事业单位自2006年开始实行公开招聘以来，逐渐形成了从初试到复试的完整招聘流程，面向全社会的志愿加入国家事业单位的劳动者与各类人才开放招聘，从而起到促进我国就业，充分发挥事业单位社会性的积极作用。此外，公开招聘从人才供给侧进行改革，丰富了事业单位的人才来源以及人才进入、晋升渠道，也有效促进了事业单位的人力资源竞争优势的建立，有利于更好地促进事业单位发挥其职能，保障事业单位的积极作用。因此，我国事业单位的公开招聘具有社会性质的特点，并且有利于促进社会中事业单位的公正性以及公益性的贯彻。

（二）事业单位公开招聘的主要作用

为确保基层事业单位能够朝着正确的方向工作以及发展自我思想建设，从而有效保证事业单位的竞争力，使得单位能够在当下不断发展、日新月异的社会环境中紧跟经济发展脚步，并积极发挥应有的社会性作用，建立健全事业单位招聘体系，疏通事业单位人才纳入体系势在必行。

（三）事业单位公开招聘的主要影响因素

出于事业单位的社会性质以及活动资金来源的问题考虑，事业单位公开招聘相关工作建设缓慢，面对较高的事业单位工作人员的福利政策以及事业单位就业本身的社会名誉，事业单位公开招聘深受社会各界期待，但工作进展缓慢，任务艰巨。

（四）事业单位公开招聘的发展与可行性、必要性

人力资源管理的重要任务之一就是从科学的视角出发，合理、全面地分析当下的工作需要，根据实际情况来招纳人才。当前社会劳动力学历普遍上升，人民在物质生活水平普遍提高的同时更加注重对于自身教育的投入，社会上的劳动力工作能力普遍上升，人才市场丰富。而出于事业单位的人才吸引竞争优势较大的考虑，公开招聘深受社会各界赞同。面对较高的事业单位工作人员的福利政策以及事业单位就业本身的社会名誉，使得事业单位公开招聘深受群众响应。

（五）事业单位招聘的主要内容

事业单位在招聘、选人用人过程中主要涉及人力资源规划、员工招聘、薪酬管理、专业培训、职业规划、劳动关系管理、岗位分析、绩效考评、员工激励等内容。招聘的本质是对人力资源价值链的管理，工作人员需明确人力资源能够参与的价值创造以及所能创造的价值，将正确的人放到恰当的岗位，充分发挥人才在行政事业单位中的积极性和主动性，充分发挥其自身的才智，并根据实际需求，对行政事业单位的各个岗位进行人才配置，为行政事业单位的长远发展奠定人才基础，推动行政事业单位向更好的方向发展，充分发挥其为人民群众服务的本质。

二、事业单位公开招聘现状分析

公开招聘通过改变原有的内部招聘、晋升渠道，建立面对全社会、宽领域的

公开招聘制度来扩充事业单位的人力资源，从而疏通社会各行业工作人员、人才资源进入事业单位的渠道，拓宽事业单位人才的专业领域，从而达到提升事业单位人才资源竞争力的目的，推动事业单位的健康发展，充分履行事业单位对于其社会性质的定位。

（一）事业单位公开招聘的方法

国家大力推进事业单位的公开招聘机制，对事业单位的用人制度进行改革，规定事业单位所有岗位都要面对全社会进行公开招聘。这一制度由国家政府向下颁布相关法律法规，来规范并督促有关部门加强事业单位公开招聘工作的基础设施建设，并积极协助完善事业单位公开招聘体系以及招聘平台、公开招聘信息宣传等相关工作的进行，从而拓宽事业单位的人才资源，疏通人才进入及晋升渠道，优化事业单位人才资源结构，保障事业单位的社会性质以及事业单位的人力资源竞争力，从而推动事业单位的健康可持续发展。

（二）单位公开招聘结果

目前事业单位的公开招聘制度逐渐趋向法治化、规范化，逐渐形成公开招聘体系。基于此，事业单位的人才结构进一步优化，提升了事业单位的岗位竞争力，从而促进了事业单位工作人员的工作积极性，保障了事业单位的人力资源竞争力。但基于事业单位的经费主要来源于政府，导致部分事业单位的发展严重与市场经济脱节。对于通过人事制度管理、招聘改革等来为事业单位进一步争取人才资源竞争优势方面的问题还需要进一步研究。

三、事业单位公开招聘存在的问题及成因

（一）法律规定不完善

要充分发挥事业单位的社会性，积极响应党中央与相关政策号召，深入研究各个事业单位中不同岗位对于人才类型的需求以及应聘人员的真正需求，从而根据各方需求来完善相关法律法规以及规章制度，积极响应党中央以及政府号召，站在事业单位社会性质的基础之上，以提升本单位的人才竞争力为目的，兼顾人

才需求来完善公开招聘体系，健全相关法律法规，同时保障事业单位公开招聘信息以及宣传力度，使得事业单位公开招聘制度能发挥其最大效能。目前我国部分行政事业单位在招聘上仍然采用传统的人事管理理念，因为传统的管理理念已经不能适应当前经济社会的发展，在实际的执行过程中还存在很多的问题，不能做到因才利用，难以适应当前社会发展的新环境。具体表现为招聘工作是按照上级部门所下达的指示而开展，并未与单位实际发展现状进行紧密结合，不能将单位所缺的人才正常招聘进来，用人选人战略规划体系缺乏针对性，不能做到实事求是，因需利导，导致人才选用的最终成效不佳。有的行政事业单位通常会将管理的重点放在企业生产和经营等环节，对人才选用工作缺乏创新的思路，不能按时进行人才的培训和管理，从而导致选人用人理念滞后，使得企业各岗位缺乏专业人才的支撑而造成发展迟缓、竞争力不强的局面。在为人民服务的过程中不能完全发挥出单位的职能，影响了事业单位人民群众心中的形象。此外，过于形式化的选人用人理念常常会忽略对员工个性化发展的尊重，所有人才进入单位后，都会按照统一的方式方法进行统一的管理，没有充分地体现出人才的差异化对待管理，无法充分发挥人力资源的作用价值。

(二) 人员素质不高

事业单位长期以来缺乏对于个人工作能力考核的相关工作，对于不同岗位的职务需求与不同员工的职业能力认识不够深刻，匹配度较低。由于缺乏对于人才、岗位的规划与评估，导致人员素质与职位需求错位现象严重，不利于人员职业素质的充分发挥，也不利于对高质量人才的保留，难以高效率打造高质量人才团队，从而降低事业单位的运营效率。

此外，人才培训环境缺乏相关人力资源管理条例的约束，在职培训等活动大多流于形式，不利于高效聚集、培养人才、发展人才环境。而在行政单位招聘时对个人能力与学历过于重视，入职员工大都有着良好的成绩，与此同时他们会极度重视学习环境与职业培训。而事业单位的相关工作缺乏制度规范，落后于很多大型企业、外资企业等，行政事业单位建设高质量的人才队伍阻力较大，难以形成较好的人力资源竞争优势。

（三）缺乏公开招聘制度，未充分认识信息不健全的企业文化

首先，相关部门要立足于事业单位公开招聘目标以及工作内容，建立针对性、科学性的工作纲要。其次，作为事业单位的人力资源管理干部，要坚持彰显"以人为本"的宗旨，站在保障事业单位的长久可持续发展的角度上参与人才招聘决策。同时也要避免领导"一支笔"的审批方式，缺乏系统化的内部控制以及权责流程保障。积极征求多人意见，积极学习并采纳民主集中制等先进的决策方式，提升自我决策能力与决策科学性，提升人力资源管理效率与管理科学性。

四、完善我国事业单位公开招聘的对策

（一）政府层面

积极搭建线上人才信息库，同时要积极宣传普及事业单位公开招聘信息网，通过落实人才供给侧改革，完善相关公开招聘基础设施建设工作来疏通事业单位公开招聘渠道，鼓励大众积极参与事业单位公开招聘活动，要积极完善事业单位公开招聘的相关法律法规建设，疏通公开招聘应聘渠道，从而保障事业单位公开招聘活动的顺利进行。

（二）个人方面

要积极收集我国事业单位公开招聘的相关信息，及时准确掌握招聘情况，积极参与事业单位公开招聘，通过官方正规渠道参与事业单位公开招聘。要充实个人日常学习，积极提升个人的科学文化素质和职业技能，同时培养个人的职业道德素质，积极发挥个人长处，努力提升自我价值，在职场上形成个人竞争优势，并且要形成爱国主义情怀与家国意识，积极投身社会主义现代化建设，积极向党组织靠拢，从而在国家事业单位中实现个人价值。

（三）教育和用人机制方面

要从科学的视角出发，合理、全面地分析当下的工作需要，定期对员工进行思想教育，促使基层事业单位的干部以及工作人员都时刻保持着科学的进步观念

来进行公开招聘，客观判断当前社会环境下经济、文化、政策等方面的变化，分析自身的优势及劣势，对不同部门的就职人员进行不同侧重的招聘工作，从思想上的理想信念到工作上的职业技能和工作能力等，制订出自身的人力资源开发与公开招聘管理计划，争取到人力资源效益最大化，从而提升事业单位的人力资源竞争优势，促进事业单位的健康可持续发展。与物质资源相比，人力资源所体现出的主观能动性可以使其在任职岗位上发挥更大的潜能，对此行政事业单位应当积极增强用人机制的灵活性，打破当前人力资源管理传统僵化的局面，为干部职工创造积极向上的企业氛围。一方面，管理人员应积极完善行政事业单位的薪酬激励机制，通过这种方式来调动员工的积极性，使其能够保质保量地完成工作任务。另一方面，管理人员还应落实绩效考核机制，并根据考核结果给予员工相对应的奖励或惩罚，通过这种方式可以在事业单位中形成公平公正的用人环境，同时还可提高干部职工的主观能动性，使其自发地形成主动提升自我的正确理念，从而更好地保障其所在岗位的工作质量。除此之外，管理人员还应综合考虑岗位职能与人力资源的适配性，努力实现人尽其才的目标，从而有效提高行政事业单位的用人成效。

（四）加强人才素质

要健全事业单位人才素质培训体系，强化管理层对人才的认识程度以及实践质量。人力资源管理属于经营人力资本的领域之内，是事业单位人力资源管理的具体体现，将单位内的员工资源来进行分配与调控从而达到事业单位工作能力与行政效率的最大化。由于个体工作能力的差异性，我们不仅要研究资源的利用，还要研究员工的专业知识与职业技能的整合，从而提高个人的工作效率与单位竞争力。人力资源的开发与管理在今天供给侧结构性改革、行业结构调整、经济以及其他各行各业的发展转型升级、党建工作结构调整等方面都发挥着重要作用。在人事管理中，首先管理者需要确保员工个人的工作能力以及工作效率，只有这样，才能切实将正确的人放在正确的岗位，充分发挥出人力资源的优势和价值，其次保证群体可以从可支配的资源利用条件中获得最大满足，自身的满足可以推动实际工作提质增效。

第二节　事业单位公开招聘的结构化面试应用

在全面推行事业单位公开招聘制度时，结构化面试因具有较好的测评效度和信度而得到广泛应用。结构化面试可根据招聘岗位要求，制订特定的测评内容、标准、程序，应聘者要通过笔试后，再参加结构化面试。与传统面试相比，结构化面试不再局限于面试官的随机提问，而是通过统一的面试内容、评分标准和程序规定考核应聘者，结构化面试的时间一般为 10~20 分钟。结构化面试在长期应用和发展过程中虽然经历了不断的优化改良，但是依然存在一些问题，事业单位要善于抓住问题关键，有效解决问题，进而增强结构化面试的科学性、合理性和有效性。

一、事业单位公开招聘中结构化面试存在的问题

（一）测评题目与岗位要求缺乏关联性

事业单位要想提高结构化面试的有效性，就需要从不同角度分析岗位职能，使面试题目更符合工作内容，使面试官能深入了解应聘者的实际工作能力。当前，很多事业单位开展公开招聘结构化面试，往往对不同考生使用同一套题目，缺乏对不同岗位不同职能要求的考虑，导致面试官只能了解应聘者的基本情况，不能区分人才类型，无法判断其能否胜任岗位。

（二）结构化评分标准不统一

结构化评分标准决定着应聘者结构化面试的评分结果。部分事业单位在开展结构化面试的过程中，由于缺乏标准评分系统，对应聘者的水平、能力进行评价时缺少科学尺度，导致面试官多从主观出发，难以做出客观、公正的评价。

（三）缺乏对实践能力的考察

事业单位开展结构化面试之前，要进行系统设计，包括试题和面试程序等。

有的事业单位为了图省事，采用旧试题或者在网络上搜集试题，面试流程也一成不变，以致面试者能提前了解面试程序甚至是面试考题，而进行相关准备，使面试失去了对人才进行全面考察的作用和意义。

(四) 面试官面试培训不合理

通常情况下，结构化面试开展之前，面试官需要接受相关培训。然而，这类培训往往过于注重形式而缺乏实践，仅简单地向面试官说明测评评分标准和评分要素，很多面试官在面试过程中会根据自己对评分标准的理解而对应聘者做出测评，导致结果不具备公正性。

由于很多企业的面试官团体是针对某次结构化面试而临时组成的，而结构化面试的面试官要具备丰富的面试经验、充足的专业知识储备，以及一定的面试测评技巧，临时组成的面试官团队难以完全具备这些能力。

另外，当面试某岗位应聘者时，面试官由于没有对该岗位职能进行分析，只能通过常规试题进行提问，无法问出专业性问题，进而不能准确、深入了解应聘者的专业技能水平，无法科学合理吸纳人才。

二、公开招聘结构化面试的优化应用措施

(一) 重视岗位分析，增强招聘的科学性

岗位分析是事业单位制定招聘人才测评标准的依据。招聘前，事业单位应对岗位职能进行详尽分析，将岗位要求与应聘者能力相结合，建立胜任特征模型。模型建立步骤如下：

其一，确定绩效标准，这一步骤需要尽可能多地收集各方面相关人员意见，并通过专家小组讨论方式确定；其二，选取分析样本，在相同类别岗位中选取绩效优秀和一般的两类职工，提供样本进行分析；其三，收集样本相关胜任特征数据资料，可通过问卷调查、事件访谈等办法；其四，建立岗位特征模型，可合理借鉴其他事业单位相同岗位胜任特征数据；其五，检验岗位胜任特征模型，采用其他没有分析过的一般绩效和优秀绩效数据检验模型合理性。

应聘者的工作技能可以从一定程度上决定其是否满足岗位要求，因此，事业

单位设计结构化面试试题应重点从岗位职责、工作模型、工作能力等方面考虑。事业单位只有基于详细岗位分析和岗位胜任模型，遵循人职匹配、能岗匹配、人与组织匹配等原则开展结构化面试，才能全面了解应聘者的综合职业能力。

通常，事业单位公开招聘涉及的岗位较多，需要考察的应聘者较多，难以针对每一位应聘者为其设计个性化考察题目。因此，在面试之前，事业单位可对招聘岗位进行分类，将性质和内容相近的岗位分为一组，采用相同类型试题，体现结构化面试特征。结构化面试是检验应聘者能力并分析其是否符合岗位要求、能否胜任工作的面试方式，事业单位只有重视岗位分析，才能在招聘中做到有的放矢，招揽到更合适的人才。

（二）建立标准测评，有效测评人才能力

结构化测评虽然能体现评价的全面性，但是缺少衡量标准，过度主观化不利于评价结果的公平性，所以结构化面试应建立一套评分标准，既能够保证面试官按照标准客观评价，使应聘者在面试过程被公平对待，还能准确预测应聘者进入岗位后的发展情况。

建立结构化面试的评分标准可根据题目划分等级，等级分数设置为1~5分，评价时可根据应聘者对问题回答的完整性、语言表达的流畅度、内容完善度、是否回答对点、是否有创新性等要素进行给分。事业单位设置规范的评分标准，能直接提升结构化面试结果的客观性和准确性，而且对计分标准设计得越详细，面试评分越有据可依，越能体现科学性。

另外，很多应聘者在考核专业能力的笔试和面试中表现良好，但是应聘者的心理素质和性格特点也会影响其工作效果，所以在评价过程中应该将应聘者的表现细节纳入测评标准。比如从应聘者进入面试室开、关门的瞬间，可以看出其是否有礼貌；从其走路姿势能看出个人精神风貌；从其谈吐，看出其是否有足够的自信，和是否表现出对他人的尊重等，面试官可以根据这些细节表现，适当对应聘者进行加、减印象分。

（三）设计测评题目，增加实操测试

结构化面试常见题型包括思维题、知识题、背景题、情境题、经验题、行为

题和压力题七类。

情境题是结构化面试应用频率较高的题型，很多面试官为了了解应聘者的实际工作能力，会直接把实际工作问题当成试题提问，让应聘者提出解决方案。

行为题能够考察应聘者的思维方法和行为方法，在结构化面试中的应用也较为普遍。面试官经常会询问应聘者的过往经历，如"谈一谈你最成功的一次组织大型活动的经历"。透过这个问题，面试官可较为直接地了解应聘者的策划能力、项目实施推进能力、统筹协调能力等。

设计测评题目时，面试官可以通过网络搜索题目，以及适当沿用以前旧题目，但是不能完全照搬照抄，要体现题目的创新性，对原有题目进行广度和深度的拓宽与挖掘，实现题目的再利用。面试官设计测评题目还应注重实效性，确保题目紧紧围绕岗位工作实践，而非套用其他合理、有效却和实际工作内容、要求有出入的试题。

应聘者的实践能力是其工作技能的直接体现，在结构化面试试题中适当加入实操测试有助于考核应聘者的动手能力和实践能力。事业单位工作人员一般包含工勤人员、管理人员、专业技术人员等，相对于笔试，面试能更好地评价这类应聘者的技术水平和工作能力。

另外，对于艰苦岗位、特殊技能岗位、急需紧缺岗位等，可在一定范围内采用直接考核或者专项考试等方式招聘，适当降低考核门槛。

命题是结构化面试工作的重点，事业单位不能为了减轻工作难度而将此部门工作外包出去。面试命题不仅是对应聘者进行简单的水平测试，而且要通过命题考察应聘者能否胜任工作。所以，事业单位必须对命题人员进行严格筛选，按照特定流程进行，保障命题工作顺利开展。

（四）优选面试官，加强招聘培训

合格的面试官是结构化面试顺利进行的保障。事业单位公开招聘一般实行回避制度，结构化面试考官一般设置 7~9 人，按照原则要求，面试官队伍中外聘考官居多，在筛选环节，应先给出所需人数两倍以上的人员名单，再在纪检人员监督下进行抽签确定考官。面试官最后的确定还要在职务、面试经验、专业、教育背景等方面进行合理搭配，面试官名单确定后应严格保密。

面试官是结构化面试的实施者，其素质和能力对面试具有直接影响。面试官需具备相关专业知识、面试技巧，熟悉单位组织状况、事业单位公开招聘政策，责任心强且品性优良。

在面试之前，面试官应与用人单位联系，了解招聘岗位的概况、主要职责、职位要求、发展前景等，掌握用人单位对人才的要求。面试官培训应系统全面，内容包括面试流程和测评要素、面试过程掌控力、提问技巧和倾听技巧、突发情况处理方法等，在面试官掌握基本面试方法后，还要进行模拟面试，提前熟悉面试过程，以保障结构化面试的顺利进行。

人才招聘是各项工作开展的基础，结构化面试是事业单位招聘中必不可少的环节，事业单位在招聘人才过程中应注重岗位分析，广泛吸收有益意见和建议，完善面试工作环节，不断完善岗位分析、测评标准、题目设计、面试官培训，促进结构化面试的顺利开展，提高人才选择的有效性。

第三节　事业单位公开招聘人岗匹配度的提升策略

随着经济体制改革工作的日渐深入，在为国内事业单位带来创新发展机遇与广阔发展空间的同时，也对事业单位的人力资源管理工作提出更高要求。在此形势下，事业单位应当保证各个部门、各个岗位人员与岗位的契合程度，具备极强的岗位胜任能力以及创新意识，可以助力事业单位实现平稳发展与可持续发展。

公开招聘为事业单位与应聘人员提供优质的互动平台与沟通平台，应聘者可以借助公开招聘会进一步了解、进一步掌握事业单位整体发展情况，探索事业单位发展目标与自身发展需求是否相符。与此同时，事业单位也可以借助招聘会更加全面、更加深入地掌握应聘者的职业能力与职业素养。二者处于相互选择状态，可以进一步提升应聘者与事业单位的契合程度，助力事业单位早日实现人岗匹配。具体来说，事业单位可以通过以下途径提升公开招聘中人岗匹配度。

一、科学开展笔试考核

在事业单位开展公开招聘时，笔试试题存在一定的局限性，无法将应聘者的职业能力与职业素养精准反映出来。因此，在命题时，相关人员应当保证引入精准性试题，笔试结果可以精准反映应聘者的真实情况。结合岗位用人需求，科学开发高难度试题，并且针对不同岗位、不同专业设置差异化题型库。在公共考核环节，需要结合事业单位内部岗位的共同点，对专业科目开展综合性考量，设置出与之对应的考试内容与考试方式。这是由于岗位特点不同，对应聘者的要求也会存在明显差异，因此可以将考核结果作为更深层次考核的核心依据，这也可以显著提升笔试测试的稳定性与科学性，最大限度地保证人岗匹配程度，提升各个岗位成功应聘者与岗位的契合程度。除此之外，为保证试题的适用性与灵活性，可以将公务员考核作为参考，将职业能力纳入公共考核范畴，职业能力是指应聘者在某一领域或某一职业当中的潜在能力和职业素养，具体而言，是指在某些活动开展环节，展现出超常的潜力以及特殊技能。不仅如此，在公开招聘环节也可以设置笔试考核，选择统一考试内容与考试形式考核某一专业人员，这种方式不仅可以有效减轻命题者的工作负担，而且可以最大限度地保证试题难度一致。

二、科学开展面试考核

面试也是事业单位开展公开招聘工作的关键环节，需要在现有面试工作的基础上，做出相应优化与调整，拓宽更加多元化的考核方式。借助现场表达方式和实践测试形式为面试质量提供保障，确保将面试活动的作用与价值充分体现出来。因此，在面试考核环节，需要结合岗位实际用人需求，选择多样化考核方式开展多元化考核。可以科学设定情景模式，模拟实际的工作环境和工作状况，这种方式可以对各岗位人员的细致观察能力和技能转化能力、随机应变能力展开有效培养。而通过无领导讨论形式，可以将全体应聘者划分为各个讨论小组，整个讨论环节没有主持人与负责人，由应聘者依次发言，并且在各自的意见发表后，在后面签字。由考核人员对整个讨论环节和讨论结果展开科学评测，以此确保每位应聘者都充分参与到讨论当中，这种方式可以对应聘者的优势与劣势展开深度考量。[①]

---

① 马永升，赵军. 新疆事业单位人才招聘运行现状与优化途径探析[J]. 新疆社会科学，2020（2）：141-145.

三、做好招聘分类工作

事业单位的业务范围较为宽泛，规模较大，涉及专业种类繁多，因此事业单位在专业性与行业性双重突出的背景下，岗位需求以及人员需求同样呈现出多样性特征。为此，事业单位在开展公开招聘工作时，应当合理运用多重考核方法，将各个岗位特点、各个行业特点以及岗位用人层次、用人类型充分体现出来，秉承平等竞争原则、公开竞争原则、择优录取原则，结合事业单位内部各个岗位、各个部门的实际用人需求，科学选择多元化考核方式，对人员的综合素质与综合技能展开全方位、多角度的考核，以此确保精准掌握应聘者的实际工作信息。结合基础岗位用人标准以及更深层次的岗位用人需求，展开全方位对比，最大限度地保证人员与岗位的匹配程度。

（一）科学开展岗位分类

事业单位的岗位考核主要包括技术考核、管理考核以及工勤技能考核，因此在公开招聘环节，需要结合各个岗位的用人特点开展科学分类。从而聘用更具创新意识、岗位胜任能力更强的高素质人才。

对于技术岗位而言，由于未来主要负责技术单位内部技术工作，因此需要应聘者具备极强的专业技能和创新意识，可以将自身所掌握的技能与专业知识应用于岗位创新环节，与岗位实际工人需求保持高度契合。[①] 与此同时，在岗位招聘标准设计环节，不仅需要满足专业需求，还需要发挥事业单位的社会服务功能，推动社会工业事业稳定发展，并且结合具体的工作特点以及更深层次的工作规律，完成各个岗位的人员招聘。在公开招聘环节，不断总结招聘经验，对传统考核模式与考核内容做出相应优化与调整。在考试环节可以适当取消公共科目，针对性地开展专业知识测试和专业技能测试。需要注意的是，这项优化措施主要适用于技术岗位，这是由于单就技术岗位而言，公共科目的作用与价值较小，因此应当适当降低考核比例，以此保证考核工作的科学性与合理性。而针对管理岗人

---

① 林林. 扎实推进事业单位公开招聘工作人员规范化建设尝试[J]. 现代国企研究，2019（2）：153.

员需要深度履行自身的领导职责与岗位管理职责，因此应当将提升事业单位整体运行效率作为岗位设置目标，确保各项运营工作可以得到稳定落实与高效运行，显著提升事业单位的管理工作水平。在开展考核工作时，需要清晰呈现管理工作岗位的职责，确保应聘者具备良好的应急能力、行政处理能力、沟通协调能力以及组织能力。同时，也需要对应聘者的心理素质发展以及道德修养保持高度关注。而针对更为基础的工勤技能工作岗位而言，主要负责设备维修工作、后勤保障工作等服务类内容，因此在这一岗位人员招聘环节应当结合工作特点，取消笔试或者简单开展行政能力测试即可，最大限度地保证人岗匹配程度。

（二）科学开展行业分类

在公开招聘环节，事业单位应当结合专业特点与行业特点，对应聘者开展科学考核，达到对人才的分类选拔目的。结合行业发展规律以及行业发展特点，科学设置不同的专业试题，将笔试考核划分为教育专业、综合领域以及卫生领域等多种类型。其中卫生领域可以分为医药专业、护理专业等细小类别，随后结合类别，分别设置考核内容，最大限度地实现统一管理、分类考核。针对专业性较强的事业单位，在公开招聘环节应当针对政策方案展开深度分析，结合规定，科学选择考核内容与考核方式。针对特殊性岗位，若是缺少与条件相符的人员，应当在报名环节和入围阶段调整准入条件，在首次招聘环节可以适当降低艺术专业与文学专业学分，以此确保人岗匹配度。[①]

第四节 事业单位干部选拔任用工作思考

良性的领导干部选任体系，是一个组织长期存在和健康发展必不可少的条件。长久以来，事业单位领导干部选任制度为我国各项公共事业的发展输送了大量优秀的领导人才，对事业组织贡献良多，但现存选任制度也存在着专业权威主义倾向、选拔渠道单一、管理体制落后等问题，已越来越不适应事业单位进一步

---

① 马文英. 关于事业单位岗位设置管理与人员招聘的问题思考[J]. 科技风, 2018（32）: 209.

改革与发展的需要。必须从改变选任观念、拓宽选拔渠道以及加强体制机制创新入手，建立符合事业单位发展要求的领导选任制度。

一、事业单位领导干部的素质要求

事业单位的特点决定了其领导干部人员不仅要具备一般公共组织领导大致相同的能力构成，还存在一部分依据事业单位自身特点所形成的素质要求。

第一，思想道德。作为一个掌握部分社会资源的领导，首先，应明确组织在社会发展的环境下所要扮演的角色定位和社会责任，以公共利益优先，规划好组织发展计划，既遵循执政党的治国原则，也符合社会组织的基本使命和存在依据。其次，良好的公共道德是每一个事业单位所必须具备的。其领导人员不仅要以高标准要求自己，不断提高道德修养，同时还要约束组织成员，引导组织行为符合公共道德标准，不侵害其他组织和社会大众的正当权利。

第二，职业操守。任何行业都有长期形成的职业规范和操守准则，事业单位的领导人员自然也需要遵守公共管理领域的职业操守。首先，必须具备大局观和团队意识，致力于组织的健康发展，而不是只想着个人所谓的"升官发财"。其次，不违反组织规定，处理事务不偏不倚，正确把握公权力的使用力度与尺度。最后，事业单位是非营利性组织，不能利用组织谋取私利，禁止通过组织资源和渠道进行寻租行为。

第三，业务能力。身为事业单位的领导人员，在相关领域内拥有出众的业务能力是基本的素质要求。首先，领导干部要清楚熟悉本事业单位的发展历史、业务领域、工作重点、运行特点，能够做出适合组织特点和实际情况的发展计划。其次，领导干部必须是专业上的权威或者至少是行业翘楚，具备对本单位其他成员进行业务指导的能力，才能做到不仅以德服人，还能以一技之长服众，得到同行支持，从而获得在行业领域内引领组织向前发展的能力。

第四，管理能力。当前我国事业单位正面临改革转型，其管理体制、制度规范、决策机制以及监督激励机制等都有待完善，这对领导者的管理能力产生了很大的挑战，要求领导者不仅要具备业务能力和道德修养，同时还要掌握先进的组织管理理念和能力。在管理过程中，领导干部要能做到既发挥法律、规章、纪律等正式制度的作用，又注重习惯、风俗、价值观以及道德伦理等非正式规范的作用，科学、人性化管理组织，建立健全组织结构，规范和完善各项规章制度，探索制度创新，实现本组织运作的科学化、高效化。

二、事业单位领导干部选任要符合事业单位的特点

事业单位领导干部在选任上还必须适应和符合事业单位的固有特点，这样才能有效地保证组织选对人、用好人。

第一，事业单位领导干部必须是中国特色社会主义道路的坚定支持者与践行者。事业单位的特殊性要求领导人员必须具备过硬的政治素质，在工作中能够有意识地培养敏锐的政治观察力，坚定不移地带领组织遵循执政党的基本路线、方针、政策，并结合自身特点，引领组织走符合国家大势的自身发展道路，从而更好地服务社会。

第二，事业单位领导干部必须是公共道德准则和规范的自觉执行者。公共道德对于一个公共组织来说，是最为关键的约束力，组织是否有效遵守与践行公共道德，是衡量这个组织是否合格的重要标准之一。事业单位的公共属性是其存在和发展的根本"灵魂"，破坏公共道德会对这个组织的公信力造成毁灭性打击。因此，选任干部要体现德才兼备的原则，不可选拔有德无才的平庸之辈，也不能选任才华横溢但心术不正的人。

第三，事业单位领导干部必须是专业领域的佼佼者。事业单位有自身的业务领域和工作范围，所谓术业有专攻或者学业有专长。领导者无论是否科班出身，都应该是善于学习的楷模，应该成为该领域和范围内的权威之一或者至少拥有一定的影响力和话语权，能够比较好地把脉这个行业和领域的发展动向和态势，带领本组织在未来发展前沿占据有利地位。

第四，事业单位领导必须是较为出色的社会活动家。事业单位要存活于社会中，必然要与社会各方面"零距离"接触。作为领路人，必须是较为出色的社会活动家，具有一定的社会资历，在社会活动中具有一定的影响力。因为事业单位面向科技、教育、医疗、环境保护等众多领域，担当着政府与社会的沟通桥梁，这就要求其领袖及负责人不能故步自封，仅仅满足于现状，沉浸在自己的"小圈子"，而应主动"走出去"。一方面积极与政府职能部门、合作单位以及上级机构打交道，获取官方支持；另一方面，不断拓展客户关系和业务合作范围，拉近

与社会公众特别是服务对象的关系，扩大组织的影响力，为自身发展创造一个更好的外部发展环境。

此外，在事业单位领导任用方面，首先，对于向社会或内部公开招聘的领导干部选拔工作要做到设计合理，职位信息描述要完整简洁、通俗易懂。其次，事业单位领导选任必须按照程序正当、公开透明、依法选任的原则，杜绝"暗箱操作"与"保送内定"等违规违法行为的发生。最后，要破除终身任用制，建立严格的绩效考核体系与评估监督制度，推进干部"能上能下"，打破"只进不出"的铁饭碗。

三、我国事业单位领导干部选任存在的主要问题

长期以来，我们将事业单位视为政府机构的延伸和从属组织，参照党政机关的模式选任事业单位领导干部，忽视了事业单位的特殊性。因此，在事业单位领导选任和管理上不免存在一些问题。

（一）选任观念的取向化问题

第一，专业权威主义取向严重，忽视职业需要和工作经验。事业单位领导选任经历了从"外行领导内行"到"专业权威主义"的取向转变。领导岗位专业化是事业单位发展的必然趋势。特别是诸如教育、医疗、科技、文艺等需要专业特殊技能的公共领域，政府倾向于在关键部门和领导职位上配备具有权威背景的专家或政府人员，占据该领域的"话语制高点"，以树立权威地位和社会公信力。但是在领导配置中过于倾向专业权威主义，一味强调"专业性越强越好"，会出现忽视岗位实际工作需要的情况，导致职位需求与人才选拔无法完全匹配，因小失大。事业单位确实需要借助强大的专业资源作为依托，但并不意味着一定要以绝对权威为先。因为某些专家常常无法兼顾方方面面，顾此失彼，同时也可能存在实际工作经验不足的情况。操作过程中如果只是偏重专业知识和话语权威，忽略个人行政能力和经验积累，难免会出现"理论强而实践弱"的现象，无法达成资源最优化利用，反而不利于组织长期发展。

第二，忽视管理知识、技能的训练，专业强而管理弱。仅仅是注重理论与实践相结合是远远不够的，作为领导干部，还必须具备全面的综合素质，特别是管

理能力。事业单位更多的是一个组织严密、事务繁多、机构庞大、功能重要的服务型机构，需要能够总领全局、统筹安排，对组织优劣势有清晰了解，对未来有清晰定位的全方面管理人才作为领导人员。究其深层次原因，事业单位领导配置过程中对选任对象的各项能力没有进行分类鉴别，简单地将专业水平能力与组织管理能力画等号。事业单位确有文武全才之人，能够独当一面，但毕竟只是少数。现实情况是大量专业权威的干部走上领导岗位，选拔时又普遍不重视任前管理能力的专门培训，从而导致"专业强而管理弱"的局面，很可能会严重影响到事业单位的持续有效运行。

当然，上述观点并不是反对任用行业权威担任领导干部，而是强调均衡使用，合理适度安排，对于完全没有行政管理能力的专业人员，就不宜勉强选任，即使选任了也要进行必要的管理训练。

（二）选任体制的单向性问题

第一，干部选拔来源渠道单一。无论是选拔正式领导干部，还是储备干部，长期形成的选拔机制较为固定死板，来源渠道单一。有些政府主管部门基于政令贯彻执行的考量，继续维持事业单位行政隶属关系，对于事业单位的领导任用通常采用以上级建议为主、内部推荐与上级建议相结合的方式，或"空降"或内定领导干部。即便是改革后引入竞争机制，从高层到中层的干部竞争上岗的人员也大多局限于本单位内部，或者是来源于上级政府机关，渠道过于狭窄，无法将单位外的优秀人才通过有效的制度化渠道纳入事业单位领导班子中，不可避免地造成用人队伍结构单调。这个现象极大影响了领导班子和干部队伍的选材范围和质量，阻碍了干部选拔渠道的多样性，打击了优秀人才的积极性，抑制了内部活力。

第二，"上下机制"不畅。人才流动渠道是否通畅是一个组织永葆活力的关键。目前事业单位领导选任的出入机制尚不完备。很大部分事业单位的领导任用仍然采用单一委任制，事业单位没有相对独立的发言权。领导配置较少引入竞争机制，公开招聘少，内部竞聘也很有限。即便有了聘任制，任用程序也对外讳莫如深，信息公开滞后。社会大众对事业单位的领导任用几乎懵然无知，甚至连事业单位内部人员也知之不详，以致建议和监督机制难以有效发挥作用，严重堵塞了"入"的通道。同时，对于干部的提前退休、正常与非正常辞职、罢免、开除等所谓"出"的机制也不完备，存在不同程度的冗官冗员和能进不能出、能上不能下的现象，阻碍了人才的正常流动与合理配置。

(三) 管理体制的集中化问题

第一，权力过分集中，家长制作风严重。由于长期以来各级党政机关对所属事业单位统得过死过严，缺乏良好的制度设计，因此，事业单位在行政干预下沿袭党政机构的领导管理体制，使得这一管理体制的弊端也反映到了事业单位中。事业单位推行"一把手"负责制，即在行政领域无论决策、人事、财务等都由"一把手"或主管全权负责的领导责任制。在监督体系不够完备的背景下，该制度容易暴露出局限性和消极方面。

第二，考核机制不完善。领导干部任用之后，对其工作绩效进行考核的机制和手段较为落后。首先是领导考核体系健全，指标不全面。制定和设计的考核指标定性的多，定量的少，考核体系量化与细化仍显不足。同时缺乏对不同岗位、不同层次、不同对象的考核标准进行有效分类，难以体现考核的公平合理。一年一考评的制度也难以真实全面地反映领导干部工作绩效的持续性与周期性。其次是考核方式单一、方法简单。干部考察通行的方式是个别座谈考察。这种方式已不能满足任期目标的考核，对领导干部完成任期目标的情况难以准确界定。最后是考核力度不足，机构不健全。绝大部分考核工作仅由内部组织部门或上级行政主管部门的审计机关完成，群众参与程度不高，致使考核力量不足，奖惩激励机制无法达到应有的效果。考核工作对领导干部完成任期目标的情况掌握不够，凭感觉、凭印象、凭好恶的现象普遍存在，使得考评结果未免有失公允。

第三，配套制度不到位。首先是机构、编制、财务等核心制度的改革滞后，制约了事业单位人事制度改革的持续深化。绝大部分事业单位的机构、编制和领导职数都还是原有计划体制下的设置，已经不能满足人事制度改革的实际情况。财务预、决算等相关制度改革也严重滞后，影响了领导选任制度的革新。其次是各类保障体系仍需持续不健全。最后是激励、监督机制不完善。由于财政支持力度有限，目前事业单位领导干部大多数执行的是职称工资，少数执行职员工资，工资水平与一般工作人员和专业技术人员相差无几，且不免缺少对于绩效的奖励、激励机制，挫伤工作积极性。同时，对领导干部的工作、管理成效也缺乏多样化监督体系，监督机制弱化，特别是对事业单位主要负责人的决策权、用人权监督不够，力度和约束手段仍需加强。

四、深化事业单位领导干部选任改革的路径

事业单位选任制度存在的这些问题，已经影响到事业单位的发展，在深化事业单位改革的背景下，必须有针对性地从观念、体制、机制方面入手进行相应的改革，建立符合事业单位发展需要的领导选任制度。

（一）注重选任对象行政能力和经验积累的结合

第一，引导重视行政能力的考察和培养。事业单位具有明显的社会性，领导人员需要处理的事务千头万绪。在这种情形下，对领导者的管理能力是一个极大的考验，要求在管理中既要注重法规、章程和纪律等正式制度的作用，也要注重习俗、惯例以及价值观念、伦理道德等非正式制度的作用。在入职前要重视对领导人员进行专业背景和行政工作的"摸底"，以及对行政能力的全面测试，从而获得对其综合能力的全面了解。在此基础上，完全没有行政管理能力的领导干部，组织就不宜勉强选任，即使选任了，也要引导其在日后的工作中注重对管理技巧的养成和丰富。

第二，适当减少兼职，重视工作经验积累。处于领导岗位的教师、教授、科研人员除了本职工作之外，多有兼职，同时还有管理工作、人情关系的精力牵扯，无法全心投入到核心的本职工作上来。如果是能力强、兼职多的专业人员没有行政职务，这种情况也无可厚非。但如果是领导干部，就需要适当减少兼职，调整工作中心和合理分配工作内容，集中更多的时间和精力进行本职工作，重视经验积累和组织的战略性规划，既能发挥专业特长，又重视行政能力的提高，双管齐下，保证自身领导职能的有效实施。

（二）完善领导干部培养的系统性

第一，开展系统培训工程。建议由相关政府部门、业务主管部门牵头，实施一整套领导培训工程。培训工程可分为两部分，一为思想教育，二为政策学习。

在思想教育方面，加强对领导干部创新意识与改革意识的培养，对马克思主义理论、中国特色社会主义理论以及新形势下新思想、新理念的理解等，确保领导人员思想上不僵化、不腐化，行为上不离经叛道、不任意妄为。在政策培训方面，针对我国相关公共政策、事业单位管理制度与规定、政府对事业单位未来发展方向与定位等长期开展重点学习。该工程可自年初起明确制定培训时间与地点、内容与计划、方式与目标等，注意突出实务性与针对性，并于年末进行评估绩效，确保工作取得实效。

第二，加强社会角色认同。社会角色的认同感来源于持续的社会正面评价。由于长期形成的思想惯性，社会大众对于事业单位领导干部的社会角色、地位认同与接受程度似乎并不如成功企业家和政府领导人，事业单位的重要性常常为民间所忽视，于是造成了事业单位领导干部"事不关己"的态度，对于提高组织绩效的积极性不高，更多地将事业单位视为"养老赋闲"的场所，社会责任感普遍不强烈。政府在选任上，应当一方面对领导干部进行道德倡导，鼓励其将事业作为一种社会发展的重要角色和职业来经营。另一方面，引导公民对绩效良好的事业单位和领导干部进行正面的社会评价。这样的举措有利于事业单位领导人得到更多来自公众的支持与认可，加强对自身社会角色的认同，从而更加积极而卓有成效地服务组织。

（三）加强选任体制创新

第一，试行以聘任制为主体的多种选拔方式。对于行政领导职务的任免，应当打破原有的上级直接委任、指定"空降"的传统任用模式。公正公开、透明合法地试行以聘任制为主体的多种选拔方式，是从体制上解决事业单位干部来源单一问题的重要途径。领导班子成员，可根据不同情况，分别采取直接聘任、竞争聘任的方式进行。一般按照以下程序进行：一是拟定并公布具体招聘岗位要求。二是采取民主推荐、公开选拔或竞争上岗的方式确定初步考察对象，保证应选人数小于实际应聘人数。三是对人选进行组织考察。四是确定人选并下发聘任通知。五是办理相关手续，拟定聘任合同。对于党、团、工会组织的负责人，要严格按照《中国共产党章程》《中国共产党基层组织选举工作暂行条例》及有关章程选任或委任。选任或委任的干部按《党政领导干部选拔任用工作条例》规定的程序产生人选，按干部管理权限任免。

第二，实行任期合同制下的目标管理。实行合同制是打破终身制的前提，只要在选任前订立权责明晰、细节完备的聘任合同，规定薪酬、福利、任期、职权范围与义务等细则并严格遵守，就能有效防止领导干部以"模糊地带"为由滥用职权、获取"黑色"收入，又可控制领导干部在位时限，依据工作绩效情况决定是否继续聘任。该举措能够比较有效地起到监督作用，建立起"能上能下"的机制。同时，目标管理作为企业管理的一项重要方法和手段，可以广泛借鉴到事业单位领导干部的管理上来。在每个领导干部的任期开始前，与有关部门商议，在聘任合同内添加绩效目标细则，或者另行订立一份任期目标合同。然后按照职位分工，将主要负责人的任期和年度责任目标分解到每一个领导班子副职和中层管理人员，并合理界定正职和副职的权责边界。按照分级管理的原则，签订任期目标责任书，增强任期目标的权威性和严肃性。领导人员任期中如有职务调整，其任期目标不得随意更改，应由继任者继续完成。最后，通过科学调研后，根据年度考核、任期考核等目标达成情况进行考察并作为奖惩实施的重要依据，对不能完成目标或差距过大的领导干部进行适当撤、换。

（四）健全管理体制，优化激励监督体系

第一，合理分权。事业单位由于历史惯性，"官本位"观念仍然存在，易形成"机关化"倾向。领导干部权力界限和责任范围模糊，权力高度集中形成的家长制作风比较严重，是造成其揽权、滥权的根源。对其进行适当合理的分权，是强化监督、促进组织长期健康发展的重要保证。因此，首先是厘清权责关系，规范"一把手"的职责权限，科学配置机构和部门的权力和职能，明确任务和职责定位。其次，健全的制度配置有助于分散"一把手"过分集中的权力，可适当借鉴正在建立的党政机关"权力清单""责任清单"制度，进行分权实践，形成班子成员内部相互协调与制约的权力运行体系，使权力运行科学化、民主化、规范化。

第二，建立健全领导干部的保障激励机制，保证其合法的劳动所得和组织福利。在激励方面，应实行灵活自主的分配体系，按照"效率为先，兼顾公平"的原则，实行部分薪资与工作绩效相挂钩，以岗位和业绩为主要依据，建立领导人员工资分配随岗位变化的机制。做到岗变薪变，绩优薪优，合理拉开收入差距。在福利方面，应健全医疗、养老等社会保险制度，建立与业绩、职位相匹配的长效激励保障机制，合理合法地解决领导干部的"后顾之忧"，保证其工作积极性。

第三，建立健全领导干部的监督约束机制。权力具体在谁手中并不重要，重要的是能不能对其进行全面的约束和监督。一是保证事业单位（包括领导干部的工作）信息公开制度的全面完善和实施。二是拓宽各种渠道，对领导干部进行定期和不定期监督，监督工作在不影响组织日常工作的前提下，应当适当加入社会公众的参与。三是建立领导干部的经济责任审计制度，对负有经济责任的领导干部在任期届满以及晋升、调离、解聘、辞聘时进行经济责任审计。审计结果作为晋升、续聘和解聘的重要依据。经审计，对有违纪违法行为的干部，移交纪检、监察或司法机关，按干部管理权限和法律规定程序，追究其纪律或法律责任。四是保证与各项绩效审计评估结果相挂钩的奖惩监督机制的合理运行。建议可由上级主管机关与内部绩效评估人员组成专门委员会，对领导干部的目标合同完成情况进行核定、对经济责任进行审计之后，制定标准对领导干部进行绩效评价，做到合法合理，根据细则与规定定期进行奖惩。条件允许的情况下还可实行保证金制度，领导人员从任职之日起，每年缴纳一定数量的任职保证金，任期满后合同规定的目标达成则给予退还，不合格则根据具体完成情况给予减扣，如有任期内调离、辞职或退休等情况可酌情处理。

第五章 事业单位绩效考核与教育培训

第一节 事业单位绩效考核概述

一、事业单位绩效考核的相关概念

(一) 绩效与绩效考核

绩效（Performance），从管理学的角度，可翻译为"履行""执行""表现""完成"等，可理解为组织期望达到的结果，用来衡量取得的成效、成果等。从经济学的角度，绩效往往包含了效率（Efficiency）、经济（Economy）、效果（Effectiveness）这三个方面的含义（简称为"三E"）。[1]贝茨和霍尔顿的观点是"绩效很大程度上是一个多维结构，因测量和观察的角度不同，由此得出的结果也不同"。[2]随着管理学的深入研究和社会经济的快速发展，绩效的含义逐渐深化演变为与组织的管理和功能运行有效相关，组织对投入资源的合理运用，并且重点向考虑组织的工作状态、工作效率以及服务质量倾斜转变。各种各样的因素都会影响对绩效的评价，比如如何选择考核主题、如何选择考核评价指标等。

绩效考核，就是对于工作绩效进行的考核评估，也可称作绩效评估、绩效评价。总体来说，绩效考核分为个人绩效考核和组织绩效考核。对于个人绩效考核，朗格斯纳认为，这是根据实际情况，客观地组织评价个体各方面价值，从而判断其各方面能力的过程[3]；对于组织绩效考核，往往指"政府为满足社会公众

---

[1] 邓国胜. 事业单位治理结构与绩效评估站[M]. 北京：北京大学出版社，2008：177.

[2] M. Armstrong, A. Baron. Performance Management [M]. London: The CornwellPress, 1988: 15-41.

[3] 吴国存. 企业职业管理与雇员发展 [M]. 北京：经济管理出版社，1996：250.

需求、提高社会满意度的产物"①。现实中，往往对个人层面的绩效考核应用得较多，通过对单位员工在工作态度、工作效率以及产生的工作业绩等方面进行考核评估，来促进激励员工更好地工作、产生更好的工作效果。

(二) 事业单位绩效考核

人事管理中的绩效考核，指人事部门根据单位发展需要特定目标明确、规则合理的绩效考核表，以考核单位内所有员工的工作能力、工作成果及工作中的行为和表现出的素养。目前事业单位的主要工作事务是管理类工作，考虑事业单位工作者的特殊社会属性，事业单位的绩效考核应强化对职员科学素质、政治素养、职业能力等方面的考核。若绩效考核在后续工作中有效实施，则能十分有效地规范和提升单位员工的工作水平、综合素养，使人力资源管理者更好地招聘、培训、管理人才，借助人员的整体力量推动事业单位更好发展。

二、事业单位实行绩效考核的必要性和可行性

(一) 事业单位实行绩效考核的必要性

自从我国设立事业单位以来，事业单位由政府财政拨款负担经费，工作人员不必担心工资薪酬的发放，单位也不注重发展自身，这就使得事业单位人员臃肿、效率低下、创新不足，无法使事业单位走向科学合理、可持续发展道路的同时，也浪费了很多社会公共资源。随着全面深化改革的开展，事业单位的改革步伐必须大步向前，适应社会整体的发展速度，但在现有的管理体制下，事业单位往往存在功能定位不明确，产生政事不分、事企不分等问题。而将绩效考核引入到事业单位管理体制中，设计并建立一套适用于事业单位的绩效考核指标体系，通过外部的监督考核管理，能够真正地将事业单位从主管部门中剥离出来，将其运行工作透明化，接受政府和社会的监督，形成良性的管理机制。也能够将原本一潭死水的事业单位搞活，通过外部的考核监督促使事业单位不断进行自我完善，由外及内地传导压力，不断优化管理机制，大大提升事业单位的服务性能，

---

① 沪宁生. 中国政府形象战略 [M]. 北京：中共中央党校出版社，1998：1078.

提升群众满意度，促进其长远发展。

（二）事业单位实行绩效考核的可行性

随着事业单位深化改革的进行以及推进政府职能转变工作的开展，事业单位自上而下都意识到转变工作作风的必要，尤其是随着近年来事业单位特别是基层单位新招录人员的增加，提高了事业单位工作的积极性，也在一定程度上以新带老促使老同志积极向上，新鲜血液的注入、陈旧思想的转换迫切地推动着事业单位整体考核方式、方法的转变，尤其是拔尖带头人员及力争上游的人员也急切需要通过绩效考核等方式更好地改善工作环境、提高工作待遇。参考国外绩效考核的各种经验案例，无论是从理论层面还是实践结果上，也都为我国事业单位绩效考核提供了各种参考借鉴，所以，事业单位完全可以吸收国外成功的案例经验，结合自身实际情况，因地制宜地制定绩效考核指标体系，这既符合当前社会发展的趋势，也符合事业单位总体预期。

三、绩效考核在人事管理中的作用

（一）绩效考核是人员任用的依据

德才兼备是事业单位在不断发展过程中进行人才任用时的一个非常重要的标准，而人才任用的主要原则就是用人所长、容人之短。通过对单位内部所有人员的德才情况进行综合判断之后，再根据每个人的优缺点选择合适的岗位，并统筹开展绩效考核工作。其中，在绩效考核的过程中主要是对人才的政治素质、思想素质、业务素质和工作作风、岗位履职情况进行综合评价，并以此为基础对事业单位工作单位职员的专长进行综合判断。通过绩效考核便能够真正了解单位职员是否能够在新的岗位上做出优良的成绩，是否能够达到岗位的工作需求，所以绩效考核是人员任用的重要依据。

（二）绩效考核是单位职员职业生涯发展的需要

与一般的民营机构所施行的奖励制度和制裁制度不同，事业单位作为社会服务组织，具有一定的行政属性，随着职位和级别的变化，职员必须不断接受新的高级别职位的挑战，无论是职员适应这些变化，还是满足新的高级别职位的要求，这就需要不断评估职员的业绩。在评估结果时，职员应该了解自己的缺陷和矛盾，以便适应这些变化，理解职工自己的质量与新职位的需要之间的差距，使职员能够继续接受事业单位培训和自我培训，并最终实现个人的职业和公共服务目标。

（三）绩效考核是对单位职员进行激励的手段

奖励和制裁是激励的主要内容，明确的奖励和制裁是人事管理的基本原则。为了澄清奖励和制裁，有必要根据业绩评估的结果，对行动的有效性、严格性和公正性进行科学评估，并确定奖励或制裁的目标和程度。如果一个职员的业绩良好或更高，它可以被选定进行年度评估，然后参加竞争性的高层职位招聘，否则可能不合格或无法晋升。评价结果也是一个鼓舞人心的测量，单位可以确认取得成就和工作进展，突出自身优势，激励职工道德水平增强，并建立良好信任。且通过评估，事业单位可以发现职员弱点，纠正工作错误。指引职员努力的方向，日后推动其进步。反向压力成为动力，使职员能够保持高度的工作热情，充分实现职工的发展目标。

第二节　事业单位绩效考核的方法及流程

一、事业单位绩效考核的方法

绩效考核是事业单位人力资源管理的重要环节，它不仅关系到员工个人的职业发展，更直接影响到单位整体的工作效率和业绩。在事业单位中，绩效考核的方法多种多样，每种方法都有其独特的适用场景和优势。下面将详细介绍几种常用的绩效考核方法及其在事业单位中的应用。

（一）目标管理法

目标管理法是一种以目标为导向的绩效考核方法，它强调员工与单位目标的一致性，通过设定、执行和评估目标来评价员工的绩效。

在事业单位中，目标管理法的实施首先需要进行目标的设定与分解。单位根据总体发展战略和年度工作计划，制定具体、可衡量的绩效目标，并将这些目标层层分解到各个部门和个人。这样，每个员工都能明确自己的工作职责和预期成果，从而更好地开展工作。

在执行阶段，事业单位需要建立有效的监控机制，定期对目标的完成情况进行检查和评估。这有助于及时发现问题、调整策略，确保目标能够顺利实现。

最后，在评估与反馈阶段，事业单位需要对目标的完成情况进行客观、公正的评价，并将评价结果反馈给员工。这不仅是对员工工作成果的认可，更是对员工未来工作的指导和激励。

（二）360度反馈评价法

360度反馈评价法是一种多角度、全方位的绩效考核方法，它通过收集来自不同层面的评价信息，对员工的工作表现进行全面、客观的评价。

在事业单位中，实施360度反馈评价法首先需要选择合适的评价者。一般来说，评价者包括员工的上级、下级、同事以及服务对象等。为了确保评价的准确性和公正性，事业单位需要对评价者进行必要的培训，使其了解评价的标准和方法。

在评价过程中，事业单位需要设计合理的评价问卷或量表，收集各方对员工的评价信息。这些信息可以涵盖员工的工作态度、能力、业绩等多个方面，从而全面反映员工的工作表现。

评价完成后，事业单位需要对收集到的信息进行汇总和分析，形成综合性的评价报告。这份报告不仅是对员工绩效的客观评价，更是对员工个人发展的有益指导。

（三）关键绩效指标法

关键绩效指标法是一种基于关键绩效指标（KPI）的绩效考核方法，它通过设定和评估关键绩效指标来衡量员工的绩效水平。

在事业单位中，关键绩效指标的确定需要结合单位的实际情况和工作特点。

一般来说，这些指标应该具有可衡量性、可达成性和相关性等特点，能够真实反映员工的工作成果和单位的发展目标。

在指标数据的收集与处理阶段，事业单位需要建立有效的数据收集机制，确保数据的准确性和完整性。同时，还需要对数据进行适当的处理和分析，以便更好地评估员工的绩效水平。

最后，在指标完成情况的考核与奖惩阶段，事业单位需要根据员工的绩效表现给予相应的奖励或惩罚。这有助于激发员工的工作积极性，促进单位整体绩效的提升。

除了上述三种常用的绩效考核方法外，事业单位还可以根据实际需要选择其他绩效考核方法。例如，平衡计分卡法是一种将财务指标和非财务指标相结合的绩效考核方法，有助于事业单位实现长期和短期目标的平衡；行为锚定等级评价法则是通过描述员工在工作中表现出的具体行为来评价其绩效的方法，有助于更准确地评估员工的工作表现。

二、事业单位绩效考核的流程

为了确保绩效考核工作的顺利开展，事业单位需要遵循一套科学、规范的流程。

（一）绩效考核计划的制定

1. 确定考核周期与对象

绩效考核的周期和对象是整个考核工作的基础。事业单位通常根据工作性质和实际需要，设定年度、季度或月度等不同的考核周期。考核对象则包括全体员工，根据岗位性质和工作职责的不同，可以进一步细化为管理人员、专业技术人员、工勤人员等。

2. 明确考核内容与标准

考核内容与标准是绩效考核计划的核心。事业单位应根据单位的发展目标和岗位职责，制定具体、可衡量的考核内容，如工作任务完成情况、工作态度、团队协作等。同时，还需要设定相应的考核标准，确保考核结果的客观性和公正性。

3. 制定考核实施方案

考核实施方案是绩效考核工作的具体行动计划。事业单位应明确考核的具体流程、时间安排、责任人等，确保考核工作的有序进行。此外，还需要考虑考核过程中可能出现的问题和应对措施，确保考核工作的顺利进行。

(二) 绩效考核的实施

1. 考核方法的选择与运用

事业单位在绩效考核实施过程中，应根据考核对象和考核内容的不同，选择适合的考核方法。例如，对于管理人员，可以采用目标管理法或关键绩效指标法；对于专业技术人员，可以更注重专业技能和工作成果的评价。同时，还可以结合多种考核方法，以全面、客观地评价员工的工作表现。

2. 考核数据的收集与整理

考核数据的收集与整理是绩效考核实施的关键环节。事业单位应建立有效的数据收集机制，确保考核数据的真实、完整和准确。这包括从各个渠道收集员工的工作数据、业绩成果、客户反馈等信息，并进行整理和分析。通过数据的收集与整理，可以更加客观地评估员工的工作表现，为后续的考核结果评定提供有力支持。

3. 考核过程的监督与管理

考核过程的监督与管理对于确保考核的公正性和准确性具有重要意义。事业单位应设立专门的监督机构或指派专人负责考核过程的监督工作，确保考核流程的规范执行。同时，还需要建立有效的沟通机制，及时解决考核过程中出现的问题和争议，确保考核工作的顺利进行。

(三) 绩效考核结果的评定与反馈

1. 考核结果的评定与分析

绩效考核结果的评定是考核工作的关键环节。事业单位应根据考核数据和标准，对员工的工作表现进行客观、公正的评定。同时，还需要对考核结果进行深入分析，找出员工在工作中的优点和不足，为后续的奖惩和培训计划提供依据。

2. 考核结果的反馈与沟通

考核结果的反馈与沟通是绩效考核工作中至关重要的一环。事业单位应将考核结果及时、准确地反馈给员工，并与员工进行面对面的沟通。通过沟通，员工可以了解自己在工作中的表现和不足，明确今后的努力方向；同时，也可以提出自己的意见和建议，促进单位与员工之间的理解和信任。

3. 考核结果的公示与存档

为了确保考核结果的公正性和透明度，事业单位应对考核结果进行公示。公示内容应包括考核对象、考核内容、考核结果等，以便员工之间相互了解和监督。同时，还需要将考核结果存档备查，作为员工晋升、奖惩等工作的依据。

（四）绩效考核结果的运用

1. 奖惩机制的建立与实施

绩效考核结果的运用之一是建立和实施奖惩机制。事业单位应根据考核结果，对表现优秀的员工给予相应的奖励，如晋升、加薪、表彰等；对表现不佳的员工则给予相应的惩罚或给出改进措施。通过奖惩机制的建立与实施，可以激发员工的工作积极性和创造力，推动单位整体绩效的提升。

2. 员工培训与发展计划的制订

绩效考核结果还可以作为制订员工培训与发展计划的重要依据。事业单位应根据员工的考核结果和实际需求，制订个性化的培训计划和职业发展路径。通过培训和发展计划的实施，可以帮助员工提升专业技能和综合素质，为单位的长期发展提供有力的人才保障。

3. 绩效考核体系的持续改进

绩效考核体系是一个动态、持续的过程，需要不断地进行改进和优化。事业单位应根据考核工作的实际情况和员工的反馈意见，对考核体系进行定期评估和调整。通过持续改进绩效考核体系，可以使其更加符合单位的实际情况和发展需求，提高考核工作的有效性和针对性。

综上所述，事业单位绩效考核的流程是一个系统、复杂的过程，需要各个环节的紧密配合和有效执行。通过科学、规范的绩效考核流程，可以确保考核结果的客观性和公正性，激发员工的工作热情和创造力，推动事业单位的持续健康发展。

第三节　事业单位绩效考核效力的提高策略

绩效考核管理作为事业单位内部的重要管理内容，会对事业单位内部员工的工作效率和态度产生巨大影响，因此需要对绩效考核管理工作进行分析，并结合当前事业单位的发展调整绩效考核管理内容，制定出更加科学的绩效考核程序，以便对事业单位内部人员进行综合、全面的考核，进而提升工作人员的归属感，确保各项工作的有效落实。

一、提高事业单位绩效考核管理效力的现实意义

在事业单位的内部管理工作中，绩效考核管理工作会对单位内部相应工作人员的工作产生巨大的影响。绩效考核管理作为对事业单位内部工作人员工作的评价，能够有效增强相关工作人员的工作信心，促使其始终在相关工作岗位保持认真负责的态度，推动各项工作的顺利开展，并确保工作质量。而事业单位不以营利为目的，其主要作用是为我国社会建设工作提供相关的服务，确保社会的稳定运转。因此，事业单位内部的相应运转资金全部来自财政拨款，而对事业单位的绩效考核工作进行优化和升级，可以有效提升绩效考核水平，确保绩效考核工作的公平性和科学性，在保证内部工作质量和效率的同时，减少事业单位的运营成本。同时，优化升级绩效考核工作，可以让绩效考核内容更具综合性，能够更加全面地对工作人员的工作状况进行考核评价，从而获取更真实的信息，进而分析出工作人员工作上的不足之处。在此基础上，可以制订出完善的培训计划，对事业单位内部工作人员进行培养，提升相关工作人员的工作能力，有效保障事业单位内部工作的质量和水平。

二、事业单位绩效考核现状存在的问题

（一）对绩效考核工作不够重视

1. 人员执行力不足

事业单位的绩效管理人员一般由人事部门、办公室或党委办等一些行政职能部门人员兼顾，并非专职人员。这些人员除了要开展绩效考核、管理等工作外，还要兼顾其他事务性工作，对绩效管理工作投入的时间和精力极为有限。绩效管理人员大多非科班出身，一方面对现代人力资源管理理念的了解颇少；另一方面对科学化的人力资源管理实践经验储备不足，难以全面、客观、公正、有效地开展工作。

2. 领导重视度不足

受传统思维模式的影响，大部分单位领导普遍将重心放在业务工作上，没有真正从单位长远发展的高度和站位全面认识绩效管理的重要性，认为绩效管理只是一项简单常规的例行工作，对该工作只停留在提醒和督促层面，关注可谓过于片面。故多数单位在绩效管理的宣教宣贯等支持保障上投入不足，内部没有形成良好的绩效氛围。同时，领导亦担心绩效管理工作处理不当会产生矛盾，主动作为的积极性不足。

3. 职工认识度不够

多数职工对绩效管理工作没有清晰的认知，认为绩效管理就是挑毛病、会影响同事间的团结。甚至认为绩效考核占用了过多工作时间，耽误业务工作的开展。最重要的是，职工对其期望度不高，维克托·弗鲁姆（Victor H. Vroom）期望理论认为人总是保有一定的需要并希望努力达成这一目标，这个目标是一种期望，同时对人也发生着激励的作用。绩效管理的兑现主要体现在绩效奖金的分配上，然而公益一类事业属于财政核拨资金的事业单位，绩效奖金数额不多，且"优秀"和"称职"等次之间的绩效奖励差距不大，故对其期望度不高。各种原因导致职工从心理上抵制绩效管理工作的开展，被动接受绩效管理。

可以说，事业单位整体绩效管理的文化环境都较为松散。为适应我国社会的

进步和经济的快速发展，事业单位有必要利用先进的绩效管理理论、经验和措施解决在改革进程中出现的问题和困难。

（二）绩效考核标准设置不够科学

1. 考核指标笼统单一

评价指标仅包含"德、能、勤、绩、廉"五个层面，评价标准大多数是模糊不清的说明性点评，宽泛而笼统，缺乏实际、明确、可量化分析的剖析指标，影响考核结果的精准性、公平性和目的性。且这类模糊不清的考核标准适用各个岗位层次的工作人员，无法体现岗位分类中的专业技术岗位、管理岗位和工勤岗位人员的岗位内容，非常容易在评估中造成"优而不秀"的现象。

2. 考核方式欠缺合理性

首先，现阶段事业单位多选用个人自我评价和领导评价相结合的考评方法，不包括员工间点评，考评主体相对单一。其次，考核范畴较窄，对日常考核的关注只限于日常工作中的出勤率，而不是将工作进展、工作效能和工作规划制订等综合要素纳入评估范畴。同时"近因效应"对考评领导的影响较大，容易依据短期印象进行评分，主观性随机性较大，易影响考核结果的公平公正性，且考核结果过于平均化。除了对考核结果"优秀"限定名额外，其他不限定。只要没有严重违法乱纪行为，大部分员工考核结果均为清一色"称职"，导致考核结果具有统计意义上的集中倾向的体现。

（三）绩效结果的运用不够充分

1. 薪酬的组织公平感较低

体现为岗位级别的高低对绩效工资的数额起着主导作用，考核结果对绩效工资的影响并不大，不能充分发挥绩效考核"奖惩分明"的激励约束作用。在日常管理中，部分领导干部出于人情方面的考虑，在工作中充当老好人，针对员工的一些涣散行为，大都选择包容心态。这类行为对努力工作、表现较好的管理工作人员十分不合理。奖罚鼓励中"处罚"一词的缺少比较严重，减少了其他成员的公平公正感，挫伤干事创业积极性，进而引发考核走过场、形式化等问题。

2. 职务晋升的公平性有限

绩效考核结果未充分与员工的晋升调整结合，升职全过程中的公平公正感较低。现阶段，尽管事业单位晋升干部职务的流程和步骤较为严苛，但依然备受部门领导者意志的影响，与绩效考评没有密切相关，容易产生"重关系、轻实际"的问题。

三、提高事业单位绩效考核管理效力的有效途径

（一）合理化岗位设置

要想加强绩效考核管理工作，有效提升绩效考核管理效率，需要对当前事业单位内部的相应岗位进行合理化设置。针对具体岗位的工作内容展开相对应的绩效考核工作可以提升整体考核的真实性和科学性。科学设置各个部门以及相应的工作岗位，需要对当前事业单位内部的各项工作要求进行分析，并按照因事设岗的原则以及相应岗位的具体工作内容，设置相关工作岗位的任务要求，以便后期按照岗位工作要求对相关工作人员进行管理，并将岗位工作要求作为绩效考核参考依据。设置岗位过程中，要对不同部门的具体工作内容的重要性进行分类，对于重要的工作内容要设置出岗位层次，以保证有充足的工作人员展开工作，推动公益类事业单位相关工作的有效落实。同时，通过岗位分级，能更加有效地对不同级别的工作人员进行管理，保证相关部门的具体工作顺利落实，对不同级别的岗位设置相对应的岗位工作要求，也能为后期展开绩效考核管理打下基础。

（二）明确考核主体责任人

在事业单位绩效考核管理过程中，要想提升整体绩效考核管理效率，要对事业单位内部展开绩效考核管理部门的具体工作内容进行分析，并结合公益类事业单位内部各部门的岗位分布状况，明确考核主体责任人，以保证绩效考核管理工作能落实到事业单位的各个部门，并且保证有专门的人员展开绩效考核管理工作，推动绩效考核管理的高效落实。事业单位各层级的领导人员是展开绩效考核的重要主体责任人，直接参与整个考核工作。部门领导人员与相关工作人员的接触较为密切，因此，更加了解下级工作人员的具体工作状况以及工作质量。开展

绩效考核管理工作时，要能够构建出更加全面的绩效考核制度，并且与单位内部各部门各层级的领导人员进行联系，共同制定出较为科学的考核标准，并借助绩效考核的结果加强各部门工作人员的培训教学不断提高其工作能力，减少工作中的问题，保证事业单位各种工作的质量。通过明确考核主体责任人，引导各部门人员参与到绩效考核管理中去，能够推动相应领导人员在展开考核周期之前，更加科学地制订出本周期的工作计划，推动本部门相关工作的高效落实，从而有效提升整体绩效考核管理效力，充分发挥绩效考核管理的重要作用，带动事业单位工作水平的提升。

（三）优化和完善绩效考核

事业单位的管理部门在进行绩效考核办法的制定过程中，不应该采用一刀切的方式来处理相对较为复杂且时刻处于变化状态的管理情境，而是要选择更加合理的方法，具体应该从这样几个方面来着手：第一，要做到分级分类，对绩效考核的方法进行持续性的改进和完善，在实际的方法应用过程中应该充分体现出这种方法的可操作性和灵活性等方面的特点，针对不同岗位的员工来进行合理的差别化考核，进一步提升事业单位绩效考核的科学性和合理性。第二，要做到多种不同考核方式之间的融合，事业单位的管理部门除了要利用年度考核来对工作人员的表现进行了解之外，也需要利用其他的考核方式来对工作人员这一段时间内的业绩进行评价。第三，在事业单位绩效考核中，应该对人才的工作创新以及荣誉奖励给予更多的重视，对更加多维度以及多元化的绩效考核方式进行积极的探索。第四，要对绩效考核的范围进行适当的拓宽，除了事务性工作成效之外，也要重视职业道德以及工作态度等方面的考核，实现对员工的科学全面考核。同时，也要对员工岗位特征进行进一步的细化和量化，从而以此为基础来对考核内容和方法来进行适当的调整。第五，针对当前事业单位绩效考核工作中存在的一些不足，可积极的应用大数据、云计算等先进技术，从而使得事业单位绩效考核能够朝着精准化和数据化的方向发展。一方面要进行绩效考核大数据平台的建立，对量化考核数据进行收集整理。同时，也应该在人事管理工作中重视大数据技术的应用，从而更好地去了解工作人员日常的工作表现情况。另一方面，要建立以数据信息为基础的考核指标，从而达到精准量化考核的效果，将数据基础性作用充分体现出来，使得考核的科学性和合理性能够得到显著的提升。

（四）强化绩效考核工作认知

从事业单位的角度上来看，某项工作是否能够顺利地开展，与单位领导对这项工作的重视程度有着直接的关系，而绩效考核管理效力的高低也同样如此，之所以一些事业单位的绩效考核管理效力不明显，绝大部分原因在于相关管理者缺乏足够的重视程度，所以需要管理者能够真正从思想层面上认识到绩效考核管理效力对于事业单位发展的重要影响。对于事业单位来说，应该做好宣传工作，宣传绩效考核的重要性，提升管理层的重视程度，转变传统的偏见和固有认知，从而达到更好的绩效考核管理效果。另外，绩效考核管理工作所面向的是单位内部的所有人员，那么在宣传工作中应该将绩效考核的内容、制度以及指标体系等方面都融入宣传教育内容中，让所有工作人员都能够正确认识绩效考核管理工作，并了解到绩效考核管理和自身之间的关系，这样才能够在日常的工作当中根据绩效考核的标准来对自身的行为进行严格的规范。事业单位工作人员对绩效考核管理工作的流程、内容、标准以及重要性进行了解后，这项工作才能够在事业单位中得到更好地开展，将其所具备的作用和价值充分体现出来。

（五）充分掌握并优化考核指标

1. 考核观念创新

要想提高绩效考核管理的效力，需要充分优化当前绩效考核管理的指标，需要改变当前的考核观念，在管理工作中融入更加先进的绩效管理理念，采取更加科学的绩效考核管理方式，对事业单位内部工作人员进行管理，并借助绩效考核不断提升员工的工作积极性，促进事业单位各项工作的稳定落实。对考核观念进行创新，需要引进高素质人才，让其运用多样性、先进性的绩效考核理念，对当前事业单位的绩效考核进行创新，并参与到事业单位的绩效考核管理工作中去。这就需要对事业单位的绩效考核管理工作进行全方位分析，针对绩效考核管理的岗位工作设置较为详细的人才招聘标准，从而进行相应的人才招聘。

2. 考核等级创新

要想充分提升事业单位绩效考核管理的效力，需要对考核等级进行创新，对事业单位各部门具体工作岗位的工作内容进行全方位分析。针对不同工作岗位的工作难度及工作量，创新当前事业单位的绩效考核管理等级，有助于明确绩效考核管理的标准，使相关工作人员按照标准展开绩效管理工作，提升整个绩效考核管理的公平性和科学性，进而激发事业单位各部门工作人员的工作积极性，让其主动参与到各项工作中去，推动相关工作的高效落实。

3. 多方面进行考核

对事业单位进行绩效考核管理，需要保证整个绩效考核管理的综合性，要从多方面对不同部门人员进行考核，以提升整个绩效考核管理的科学性。因此，需要对当前事业单位绩效考核管理指标进行多样化分析，根据不同部门的实际工作状况制定不同的绩效考核管理程序，在整个绩效考核管理标准当中融入岗位的实际工作内容以及相关的考核依据，使部门工作人员可以借助绩效考核管理的结果开展进一步的人力资源管理工作。在对事业单位工作人员进行绩效考核时，不仅要对相应工作人员的实际工作状况进行考核，而且要对单位内部相关工作人员的工作能力及专业素养进行相关的考核，同时还要考核工作人员的道德素养以及责任意识，以便综合评价工作人员。借助绩效考核工作的结果，可以对相应工作人员进行针对性的培训，提升其专业素养，同时还可以据此对工作人员进行奖励或者惩罚，以不断督促相关工作人员自我提升，主动参与到各种学习工作中去。

4. 树立事业单位员工绩效考核管理意识

要充分发挥绩效考核管理的重要作用，让事业单位各部门人员主动参与到绩效考核管理工作中去，就需要不断加强事业单位绩效考核管理的宣传工作，带领工作人员学习绩效考核的相关知识与理论，使其在参与绩效考核管理工作时能够进行相应的反馈，推动整个绩效考核管理工作的提升和优化。

5. 科学建立事业单位绩效激励考核体系

为了能够更加科学地推动事业单位开展绩效考核管理工作，需要不断完善当前事业单位绩效，优化考核体系，明确绩效激励考核标准，并且严格按照绩效激励考核标准开展绩效考核管理工作，以提升整个绩效考核管理的公平性，进而激励工作人员主动学习、规范运作，助推团队水平提升。

6. 建立事业单位绩效激励反馈与监管机制

提高绩效考核管理效力需要构建更加科学的绩效激励反馈监管机制，使各部门工作人员能够及时反馈当前绩效考核管理工作以及审计工作中存在的不足之处，从而督促相关工作人员对当前绩效考核管理工作进行优化和改进，提升事业单位绩效考核管理的科学性。

第四节 事业单位干部教育培训机制的建立

随着中国事业单位体制的不断发展和改革，越来越多的干部承担着重要的领导与管理职责。事业单位干部教育培训成为提高干部素质、推动事业单位改革与发展的关键环节。然而，当前事业单位干部教育培训工作仍存在一些问题和挑战，如培训内容与实际需求不匹配、培训资源不足、培训效果难以评估等。因此，建立一套科学合理的事业单位干部教育培训机制变得迫切而重要。具体来说，可从以下方面入手。

一、落实竞争性选拔理念

在落实竞争性选拔理念的过程中，事业单位除了要重视培训效果外，还要不断强化培训纪律，坚决杜绝恶性竞争现象；除了重视培训理论知识外，还要提高干部对培训活动的参与程度；除了要帮助单位制定更加全面客观的考核体系，还要开展学员互评工作，实现对培训效果的全方位、全过程监测，充分发挥培训的效果。此外，事业单位领导要对培训选拔工作给予更多关注，让选拔工作更加规范与科学，可从组织、岗位和个人三个方面开展选拔工作改革，确保选拔方式能够满足单位发展需求。考核指标要客观公正、务实管用，能够有效帮助人力资源部门了解被培训对象的专业水平、综合素质和道德水平等，从而在分配工作中充分发挥其长处，弥补其短板。人力资源部门还应该深入分析学员的事业发展战略需求，在满足其当前需求的基础上为其未来发展作出规划，实现组织与个人的共同发展。最后，培训工作需要配套实践锻炼，确保所学知识能够用于实际，避免培训工作与日常工作内容脱节。

二、集成性培训与立体式考察

事业单位要重视培训机制设计工作，与本单位实际情况适应性较高的培训方案能够避免培训工作走偏。要不断完善培训机制的漏洞，并增加培训活动的科学性，尤其是课程内容设计，既要能够解决眼前的难题，又要具备一定的时代性，保证培训知识落实到实践工作中后具备可操作性。培训负责部门通过实地考察与分析具体案例相结合的方式来提高培训内容的实用性，让学员能够通过培训找到自身与他人之间的差距，从而及时进行调整。此外，干部培训工作不能脱离思想教育工作，要将党性教育贯彻培训工作的始终，提高培训工作的效率。最后，单位要时刻跟踪各个学员的学习情况，并根据分析结果制定测试内容。领导需要通过测试了解干部学员工作能力、理论知识储备以及心理素质等方面的提升情况，从而检验培训效果，为优化培训方案提供依据，促进培训工作提质增效。

三、借助多媒体丰富培训形式

随着科技的发展，多媒体等新的视听设备逐渐被社会各界所使用。在干部教育培训工作中使用多媒体设备能够有效增强培训的表现力与吸引力，在避免学员注意力涣散、提高学员学习热情等方面作用显著。因此，培训部门要正确实现多媒体技术与培训的融合，教师要不断提高自身使用新媒体技术的能力，提高PPT课件质量，通过互联网收集更多的视频和图片用于教学，让课堂充满活力。

需要注意的是，多媒体技术只是教学培训的一种手段，无法完全用视频或课件代替讲师，讲师也不能对其产生依赖，要做到运用得宜。在整个培训工作中，讲师依旧是课堂的组织者和主导者，要注意提高讲师的专业水平，只有这样，才能真正提高学员的学习效率与质量。

四、增强教育培训的针对性

在干部培训过程中，人力资源管理部门要对干部进行层次划分与工作种类划分，确保教学内容能够满足不同部门、不同级别的干部发展需求，提高培训内容的针对性，避免无的放矢。如在对新上任的干部进行培训时，就要着重讲解党的基本理论与行政管理等基础内容，提高干部学员的政治站位与政治觉悟，提高其理论政策水平；而对级别较高的干部，则要着重讲解科学领导和战略思维等宏观方面的决策内容，提高其驾驭全局的能力；经济类部门的干部需要通过培训提高其经济管理能力与法律意识，使其专业水平有大幅度提升。

五、提高培训工作者的思想觉悟

提高干部教育培训水平的前提是精准定位培训工作的内在动力，只有认真对待干部教育培训工作，将其作为单位事业的一部分，才能有效推进培训机制的完善。事业单位的培训部门在开展工作时，要不断提升工作人员的责任心。对于培训内容来说，其覆盖面要广泛，既要有高级别的宏观意识，也要有基层的业务经营。培训工作者必须充分认识到干教不只是一个岗位，更是国家建设层面的事业，要鞠躬尽瘁、全心全意地做好本职工作，从而加速干部教育培训事业的现代化脚步。

第六章 事业单位工资福利与社会保险

第一节 事业单位工资福利制度概述

一、事业单位工资制度

工资制度对于任何一个组织来说，都有举足轻重的作用，良好的工资制度会对组织中员工好的行为和业绩进行激励和引导，提高职工的工作积极性和效率，从而实现资源的合理配置，发挥组织效用的最大化，事业单位也不例外。但事业单位工资制度因长期在体制内管理，虽然现在已与机关单位工资制度分开设置，但也存在很多与机关单位共同的特殊的限制。总体来说，目前事业单位工资制度仍然较为传统，伴随着经济社会发展的逐步深入，市场经济体、劳动力市场与事业单位之间更频繁的交流，虽然经历多次改革，但还是逐渐显现出一些与实际发展不相适应、亟待解决的问题。

（一）工资及工资的构成

工资是指用人单位依据国家有关规定或劳动合同的约定，以货币形式直接支付给本单位劳动者的劳动报酬。《关于工资总组成的规定》（1990年1月1日国家统计局令第一号）中明确指出，工资总额是指各单位在一定时期内直接支付给本单位全部职工的劳动报酬总额。工资总额由下列六个部分组成：计时工资、计件工资、奖金、津贴和补贴、加班加点工资、特殊情况下支付的工资。

事业单位工资由基本工资、绩效工资和津贴构成。

基本工资：包括岗位工资和薪级工资。岗位工资对应所聘岗位，不同岗位工资待遇不同。薪级工资主要与职工资历挂钩，每年年度考核的结果也会影响薪级工资，但影响不大。不同岗位的薪级工资起点不一样，这也对聘用相应岗位的人员在资历上有一定的限制。

绩效工资：绩效工资分为基础性绩效和奖励性绩效。经过多次调整，基础性绩效和奖励性绩效按比例分配，并进行总量调控。

津贴补贴：主要是对艰苦边远地区及特殊岗位的一种倾斜性补贴。

（二）事业单位工资制度分析

1. 存在的问题

（1）对工资制度的作用认识不够充分。

由于工资制度一直以来给予事业单位的自主性、可操作性不强，所以很多单位对于工资制度的作用认识不够充分、到位。对于工资管理制度对单位人员工作积极性的促进作用、进而实现单位工作总体目标等功能认识不够深入、到位。

（2）岗位工资的区间及重叠设计有待调整优化。

从工资结构体系方面看，目前我国事业单位岗位工资主要分为专业技术岗位、管理岗位、工勤岗位。专业技术岗位从专业技术十三级到专业技术一级共分为十三个等级；管理岗位从管理十级到管理一级共分为十个等级；工勤岗位从技术工五级到技术工一级共五个等级，另有普通工岗位，不分等级。如果想提高岗位工资，只有晋升岗位。而岗位的晋升受岗位数量、资历、职称或技能证书等诸多因素的制约，晋升的难度较大。管理岗位及普通工岗位均未设置岗位工资区间，工资弹性小，给对能力和业绩优秀的工作人员倾斜的可操作空间很少，在相同岗位上，优秀工作人员与表现一般的工作人员之间的工资差距并不显著，工资制度"奖优惩劣"的作用没有得到充分体现。

（3）晋升渠道不够畅通。

从工资晋升渠道方面看，事业单位管理岗位只有九级职员、十级职员等两个非领导岗位等级，而且这两个等级内部未再细分。而领导岗位是受本单位领导职数限制的。这就存在如果有职员未能晋升领导岗位，九级职员将成为"天花板"，将一直享受九级职员的工资待遇，在九级职员这个岗位上一直工作到退休。专业技术岗位虽然等级较多，但晋升也是受到岗位设置数量的限制。例如本单位有工程师证的人员共10人，但只有3个工程师岗位，那其他人即使具备资格也无法晋升。晋升渠道不畅通，"一眼到头"的现状会打击职工工作的积极性。

国家为解决晋升通道不畅问题，2015年在宁夏开始试点试行事业单位管理岗位非领导岗位等级晋升制度。2021年底，部分事业单位迎来"职级并行"制度，但地市级以上的事业单位暂时无法享受该政策，而且受非领导岗位的职数限制，就算有这项制度，也只能解决极少部分人的问题。

（4）工资与个人工作能力、技能、绩效成果相关性较弱，激励和引导作用不强。

现行事业单位工资制度是以岗位绩效为基础的薪酬制度设计。相同的岗位工资相同，且绩效工资制度较为僵化，工资差距不明显。但岗位相同的人工作效率、个人能力、工作绩效、与岗位的适配度各不相同，但在工资上体现程度较小。长此以往，会让职工滋生"做多做少一个样"的想法，消磨职工的工作热情，出现优秀人才不肯来，来了又留不住的局面。特别是在基层，工作千头万绪，工作条件、生活条件都较为艰苦，加上晋升、提拔无望，让原本人才难留的一线基层单位更是雪上加霜。

（5）工资制度与劳动力市场不匹配，体制内外流动不畅通。

事业单位在编人员人才向非公有制组织的总体流动性较小，高端人才向事业单位流动也存在障碍。这与事业单位工资制度和劳动力市场工资的匹配度有密切关系。特别是在打"人才战"的今天，吸引、保留和激励高端专业人才对于事业单位的发展有举足轻重的作用，但事业单位工资制度在外部竞争性方面并不具备优势，这给事业单位的人才流动造成一定的阻力。

（6）福利制度较传统、保守。

职工福利是工资管理体系的一部分，为了吸引和留住优秀员工，除了工资薪金外，福利也是一个重要的指标。这就要求事业单位的福利制度也要与时俱进。事业单位的福利制度一直给人以全而优厚的旧印象。但相比企业，事业单位的福利制度也存在保守、传统的一面。一是福利制定人员的观念保守，以"稳"作为工作的指导思想，不敢创新、尝试，怕被问责，以保证不犯错误。二是福利制度都是一个标准，个性化探索不足。随着越来越多90后、00后参加工作，如何能将福利送到职工心里，真正做到满足职工多方位、多元化的需求，起到激励和促进作用，是摆在事业单位面前的一个新挑战。

（7）从业者专业水平有待提高。

各事业单位人事工作从业者素质参差不齐，相关专业毕业的从业人员只占少数。加上平时工作中对业务工作较为看重，人事及工资管理相关专业培训较少，从业者大多只能从工作中积累经验或靠前辈手口相传，专业水平普遍不高。但很多直面职工的工资设计的基础性工作，还是由这些从业人员来完成。例如职位分析等，这些工作是否扎实、到位，将影响到工资制度设计质量的高低。提高从业人员人力资源方面的专业技术水平已是迫在眉睫的事情之一。

2. 对策建议

（1）进一步提高思想认识。

人有了认知才会有所行动。要提高认识首要是强化学习，可以学习成果作为考察指标，反向督促人事干部加强学习。其次是通过讲座、实战化训练、观摩学习等方式，多创造机会提高学习的频次，使事业单位全体职工从上到下对于工资制度有新的认识，这为工资制度的执行、绩效工资的落实，打下坚实的基础。最后是鼓励在职深造，通过以报销、补贴学费、增加学历工资等方式，激励人事干部自主学习，提高专业技术水平和思想认知。

（2）继续完善"职级并行"制度。

2021年，中共中央办公厅、国务院办公厅印发《关于县以下事业单位建立管理岗位职员等级晋升制度的意见》，职级并行制度打破了事业单位传统职务晋升的单一路径，通过设立多个工资等级，为管理岗位工作人员提供了更为广阔的晋升空间。这一制度的实施，不仅打破了传统职务晋升的单一路径，更是激发了工作人员的工作积极性和创造力，为事业单位的长远发展奠定了坚实的基础。在此基础上，建议进一步优化和完善该制度，扩大适用范围，将更多的事业单位纳入职级并行制度的覆盖范围，让更多的事业单位工作人员享受到这一制度带来的的红利。另外，增加工资等级内最低工资与最高工资之间的差距，并加大不同工资等级之间的重叠。例如，在非领导岗位上设定一定的工资区间，并根据九级职员岗位设立一、二、三、四等多个内部等级。结合现行工资制度中工作绩效和工作能力体现不足的问题，使得九级职员岗位的工作人员能够凭借自身努力、能力和优秀业绩获得晋升。此举不仅有助于缓解晋升渠道不畅的问题，同时通过能力、业绩与工资的关联，也为事业单位人员工资的上下调整提供了可能性和依据。

(3) 构建科学的绩效管理体系。

绩效是对职工过去工作业绩的一种认可，是工资制度中不可或缺的组成部分。良好的绩效管理可以起到引导职工、规范行为、优化组织流程的作用，并形成良性循环。绩效工资制度要结合实际、公开、公平、透明。不仅要充分考虑个人、团体与组织的关系，在保证对个人业绩成果、行为和能力的激励上，要设置一定比例的团队绩效和组织绩效，可以让职工在注重个人工作效率和质量的基础上，考虑团队和组织的共同利益，最终达到职工和单位共同成长的目的。

(4) 建立工资调整机制。

制定与劳动力市场薪酬之间行之有效的工资调整和对标机制，减少体制内外人才交流的阻力，打通事业单位和市场人才流通瓶颈，进一步激发事业单位活力，畅通人才交流渠道，让体制内外双向交流常态化。

(5) 探索引入总报酬模型。

20世纪90年代初，特罗普曼（Tropman，1990）较为完整地提出了定制性与多样性相结合的整体薪酬计划[1]。美国薪酬协会（WAW）也明确提出，但凡员工认为有价值的东西都有可能成为总报酬的组成部分[2]。作为一个新兴薪酬制度的概念和理念，如今在部分大企业中都有运用。有研究表明，薪酬已经不再是职工选择工作首要关注的因素，这也给事业单位探索引入总报酬模型提供了可能性。如在工作环境、晋升空间、心理健康、自助或半自助式个性化福利计划等方面入手，以及在"白+黑""5+2"的基层工作强度下，提供有利于平衡职工工作和生活的措施，为职工提供更多人性化服务内容，可以让职工感觉到被关注和关心，对组织有依赖感，对提升职工的工作效率，增加工作的主动性有积极的促进作用。

(6) 把好入口关，加强系统性培训。

一是从入口做好把关，从专业方面提高人事工作从业者的准入门槛，有一定相关学科知识作为基础储备，在实践工作中能更科学地开展各项具体工作，也为进一步提高专业技术水平提供了良好的基础。二是制定行之有效的事业单位人事

---

[1] 曾湘泉. 薪酬管理[M]. 北京：中国人民大学出版社，2014：6-14.
[2] 宋洪峰. 总报酬模型的力量[J]. 企业管理，2007（10）：91-93.

干部培训机制。从师资、课程设计、培训体系、连续性、培训方法等方面着手，切实增强培训效果。

二、事业单位福利制度

（一）事业单位福利制度的主要内容

福利制度是指国家和公职人员所在单位为满足公职人员生活方面的共同需要和特殊需要，在工资之外给予工作和生活上的照顾制度。我国公职人员享受的福利是按照《国家公务员管理条例》的规定执行的，主要包括工时制度、探亲制度、年休假制度、产假制度、交通费补贴、冬季职工宿舍取暖补贴制度、生活困难补助制度和福利住房制度等。

1. 工时制度

公务员除法定节假日外，每天工作 8 小时，每周工作 40 小时，平常时间安排公职人员延长工作时间，每日不得超过 1 小时，如系特殊原因，则每日不得超过 3 小时，每月不得超过 36 小时。

2. 探亲制度

根据国家的需要，一些公职人员远离亲人工作和生活，因此，实行探亲制度是完全必要的。它解决了部分职工与家属两地分居的实际问题，既可使职工与家人团聚，又有利于控制城市人口过猛增长，缓和城市住房等各项公用设施供应紧张的压力，是一项符合群众利益也对国家有利的制度。一般来说，公务员工作满一年以上的，与配偶不住在一起，又不能在公休假日团聚的，每年给予一方探亲假一次，假期为 30 天；与父母都不住在一起的，又不能在公休假日团聚的，未婚者原则上可每年给假一次，假期为 20 天，已婚者每四年给假一次，假期为 20 天。上述假期不包括路途时间。在规定的探亲假期和路程假期内，按本人标准工资发给工资。探望配偶和未婚者探望父母的，其往返路费，由所在单位负担；已婚者探望父母的往返路费，在本人标准工资 30% 以内的由本人处理，超出部分由所在单位负担。

为了鼓励职工在边远地区工作，对由内地到新疆、西藏、青海等地工作的职工和本地职工都规定了特殊的更为优惠的探亲和休假待遇。

3. 年休假制度

公职人员连续工作一年以上的,享受带薪年假,根据工作任务、岗位、资历等不同情况,每年可安排不超过两周的休假。各级党政机关、人民团体和事业单位职工休假的具体实施办法,由省、自治区、直辖市和各部门制定。目前,中央国家机关参照执行北京的有关规定,工作年限 10 年以下的,休假 7 天;工作年限满 10 年不满 20 年的,休假 10 天;工作年限满 20 年以上的休假 14 天。

4. 产假制度

女性公职人员产假为 90 天,其中包括产前休假 15 天。难产者增加 15 天,多胎生育的,每多生一个婴儿,增加 15 天。怀孕不满 4 个月流产,根据医生意见给假 15~30 天,怀孕超过 4 个月以上流产的,可给予 42 天产假。产假期间工资照发。怀孕和分娩期间在本单位医疗机构或单位指定的医疗机构所用的检查费、接生费、手术费、住院费和药费,由所在单位负担。产前检查时间算工作时间。

5. 交通补贴制度

该补贴在省、自治区、直辖市人民政府所在地,以及 50 万以上人口的大中城市和重要工矿区,工作单位和住宿地相距 2000 米以上,需乘坐公共交通工具、骑自行车下班的员工,为了减轻职工在交通方面的时间与经济负担,根据国家规定,各单位实行交通补贴。

6. 冬季职工宿舍取暖补贴制度

职工冬季宿舍取暖补贴制度是逐步形成的。中华人民共和国成立前,东北、内蒙古自治区和铁道、煤炭系统对部分职工冬季发给一定数量的烤火煤。中华人民共和国成立后,这种煤贴制度保留下来,经过不断发展变化,逐渐形成现行的冬季职工宿舍取暖补贴制度,国家有关文件对取暖费发放的范围、时间、数量都有规定。

7. 生活困难补助制度

国家从 20 世纪 50 年代起就规定事业单位职工生活困难补助办法,并逐步形成制度。首先,国家明确规定困难补助的经费来源,同时,还明确规定困难补助的政策、原则、补助对象和办法。即凡是基层单位中生活确实发生困难的职工,都可以按规定得到定期补助和临时补助。同时还就不同地区的补助标准作出明确的规定,并根据经济发展与物价变化作出调整。还规定:事业单位困难补助经费,一般不少于福利费总金额的60%。另外,还可从银行冻结的结余经费中提取一部分,并由国家财政拨款一部分,用于职工生活困难补助。

8. 福利住房制度

随着改革的深入,福利分房制度将逐步取消。2006年《国务院关于进一步深化城镇住房制度改革加快住房建设的通知》中明确提出:"深化城镇住房制度改革的目标是:停止住房实物分配,逐步实行住房分配货币化;建立和完善以经济适用房为主的多层次城镇住房供应体系。"其中住房公积金是近几年实行的福利房制度,每月扣除公职人员工资的一定比例,单位再分配之以相应的款额,双方共同筹资,积累到一定规模,个人可提取自由购置商品房,或由单位代购。

(二)事业单位福利制度改革

1. 事业单位传统福利制度存在的问题

现行保险与福利制度,是在计划经济体制下逐步建立起来的。其主要特点是:国家统一规定各项保险的标准,各单位根据国家规定负责本单位工作人员各项保险福利的管理,所需经费由国家财政立项实报实销。其存在的主要问题如下。

(1)福利制度社会化程度较低。各单位自己负责工作人员生、老、病、伤、残以及福利等工作;"机关办社会""单位办社会"的问题相当严重。一些本来应该由社会承担的福利,如托儿所、幼儿园、理发室、浴室、车队等,都由国家机关承担,既增加了国家财政的负担,也不利于国家机关工作人员的精简和工作效率的提高,同时也使相当一部分福利设施得不到充分利用。

(2)福利在职工全部劳动报酬中所占比重过大。长期以来,相当一部分劳动报酬如住房、教育、文化设施等,是以非商品的形式无偿提供给职工,不进入工资,形成一种"低工资、多补贴、泛福利"的模式。这与建立社会主义市场经济体制的要求不相称。

（3）福利基金提取和使用存在不合理问题。目前事业单位职工福利基金的提取比例，在单位年度非财政拨款结余的40%以内确定，中央级事业单位职工福利基金的提取比例，由主管部门会同财政部在单位年度非财政拨款结余的40%以内核定。由于所提取的福利经费不足以应付支出，再加上多提一些福利项目既可以方便本单位的工作人员，又可以部分缓解国家事业单位工作人员收入偏低的矛盾。因此，许多单位用计划外经费、行政事业经费的增收节支部分给本单位工作人员发放补贴，甚至巧立名目，滥发补贴和实物等，而目前对这些问题的解决还缺乏有效的办法。其结果是：一方面，冲击国家的财政纪律；另一方面，由于福利分配在工作人员总收入中的比重过大，削弱了按劳分配的主导作用，进一步加剧了分配的平均主义趋势。此外，由于许多单位在执行福利待遇政策时，几乎是各行其是，常常造成从事相同职务或相似工作但由于所在单位不同而实际待遇相差悬殊，使按劳分配原则遭到破坏。

此外，没有建立基金积累制度，我国现行的养老保险制度是"统账结合"制度，即社会统筹部分与个人账户部分共同组成我国的基本养老保险制度，虽然该制度能够在注重效率的同时又能兼顾公平、减少管理成本和风险，但由于没有形成积累，养老金收不抵支的部分将逐年减少甚至消除，随着人口老龄化的加速和退休人员的不断增加，财政负担将越来越重。

（4）福利制度的某些规定不够合理、不够完善。很多福利制度在管理上不科学，缺乏有效的约束监督机制，导致经费增长过快，浪费现象严重。比如，对国家事业单位工作人员实行的公费医疗制度，由于制度本身的一些漏洞和管理不善出现了一些较为严重的问题，如"小病大养""一人生病，全家吃药"等，造成药品和医疗费用的浪费，同时还败坏了社会风气。

2. 事业单位福利制度改革应遵循的原则

针对现行制度存在的问题，我国福利制度改革应遵循以下原则：

（1）与国家财力相适应原则。

在我国目前的经济体制下，国家福利所需资金主要来源于国家财政，而国家财政收入的增加，有赖于经济的发展。因此，事业单位福利制度的建立和发展要以国民经济发展状况为基础，福利待遇水平应该与经济发展和国家财力相适应。

一方面，福利待遇水平应随着国民经济发展和国家财力增长而不断、稳定地提高，以最大限度地改善职工工作、生活条件，激发工作人员的工作热情，使大家享受到经济发展带来的效益。另一方面，福利待遇水平的增长应当与国民经济状况相适应，与国家财力的增长保持一定的比例关系，既不能增长过快，也不能增长过慢。

（2）与工资、保障制度相协调原则。

在社会主义初级阶段，按劳分配在个人消费品分配中起着主导作用。这一社会基本特征决定了福利是个人消费品分配的辅助形式。在实际工作中要正确处理工资、福利、保险制度的关系，充分发挥其不同的职能和作用，在保证工资收入在个人总收入比重中占主要地位且逐步建立、完善保险制度的同时，不断提高福利待遇水平。

（3）普遍平等享受原则。

这主要是基于以下两个方面的原因：一是由福利的性质和作用所决定的。福利主要是为了满足职工在物质、文化、生活方面的共同性需要，福利的作用在于普遍改善和提高生活、工作条件。二是福利待遇平等享受原则也符合社会主义市场经济分配机制的要求。在社会主义市场经济体制中，为了保证经济的运行效率，既要求在工资收入分配中实行差别化分配，适当拉开收入档次，又要求在福利分配中实行均等化分配，以保障人们最基本的生活权益，抑制由于出现过度两极分化而造成的社会冲突和震荡。

（4）多样化原则。

由于我国地区经济不平衡，不同地区的财力及其工作人员对福利待遇的要求差别较大。因此，在这种情况下，用统一的福利制度模式解决各地区各单位工作人员的福利待遇问题是相当困难的。另外，从适应社会主义市场经济体制的要求看，事业单位福利制度多样化，允许不同地区的地方政府在国家统一的福利政策、方针下，根据不同地区的实际条件，因地制宜制定适应本地区特点的福利制度，既有利于满足不同地区人员的实际需要，又能充分发挥中央和地方的积极性。

3. 事业单位福利制度的发展趋势

福利制度作为人事管理制度的重要组成部分及报酬体系的重要内容，今后改革和发展的趋势主要包括以下两个方面。

（1）福利管理的社会化。

根据现代社会保障理论，社会保障体系由社会福利、社会保险、社会救助和社会抚优共同构成。社会福利是指国家社会其他部门、机构和团体举办的各种集体福利设施、福利补贴、社会服务和集体福利事业等，目的在于普遍改善和提高国民的物质、文化水平。社会福利的类型很多，如果按照社会福利待遇享受对象的不同来划分，可把它们划分为五大类：职工福利、未成年人福利、老年人福利、残疾人福利、家庭福利。事业单位福利属于职工福利类型，它是国家根据有关政策法规，通过实行各种福利补贴、假期制度、公共服务及举办集体设施和活动等，给予工作人员经济上的帮助和生活上的照顾，其享受待遇的对象是全体事业单位的工作人员及部分家属。这就是说，事业单位福利制度是我国社会保障体系中的有机组成部分，其工作人员的福利制度应有计划、有步骤地纳入整个社会保障制度改革的范畴之中。

对事业单位的福利待遇，采取社会化管理与企业化经营可以弥补集体福利经费的不足和提高集体福利设施的利用率，但为了切实保障工作人员能够享受到集体福利带来的好处和便利，在对单位集体福利设施实行企业化经营、扩大服务范围时，可提供免费或减费服务；或者采取补助的形式解决。

（2）福利制度的法治化。

法治化原则既是社会主义市场经济体制正常运行的必要条件，又是实施人事管理必须遵循的原则。社会主义市场经济要求运用法律手段来规范各种社会经济关系，其中包括社会分配关系。为了切实保障普遍平等享受福利待遇的基本权益，稳定工作人员队伍，调动他们的积极性，就应当建立、健全福利制度的法律、法规体系，运用立法手段来规范和管理福利制度；将福利与工资、保险制度统筹规划、全面安排；明确福利制度的实施范围并使其具有一定的稳定性和透明性，防止福利工作中的随意性和主观性。

第二节　事业单位养老保险并轨与职业年金制度

一、事业单位养老保险并轨

当前，双轨制的养老保险制度已经无法跟上社会发展的脚步，既不能帮助社会保障制度实现公平，也在一定程度上阻碍了人才的流动，不利于社会稳定。事业单位养老保险并轨改革虽能缓和此类矛盾，但历经多年实践发现还有许多问题需要解决。

（一）事业单位养老保险情况概述

养老保险是依照我国有关法律法规，对因丧失劳动能力而失去工作的、达到法律规定最高劳动年龄的人员建立的保障体系。养老保险是解决老年人生活保障不全面问题的重要措施之一，具备社会性、互济性等特点。

事业单位养老保险是社会养老保险的重要组成部分之一。如今，建设合理的养老保险制度可以规避因自然灾害、生老病死等造成的收入不均现象。所以，事业单位缴纳养老保险是为解决收入不均现象所实行的一种调和手段，也是帮助市场平等竞争的要求。

（二）事业单位养老保险并轨实行的现状及困难

1. 待遇方面

事业单位要建成和自身相关的养老保险制度，这意味着事业单位工作人员的养老保险由最初的财政拨款变为自主交费；由最初的以工作时长和个人工资额为依据的退休金发放方式变为以社会人均工资额与缴费年限为依据的结构性养老金发放方式。由此可见，若仍套用现今的事业单位养老保险办法，很有可能使得事业单位工作人员的退休金额度大幅下滑。而且在施行的改革方案中没有任何关键的补救措施被实行，这导致部分事业单位职工对将来的薪资待遇收入忐忑不安。所以，帮助两者实现并轨必将使得一部分事业单位职工在心理上产生抵触。

2. 转制成本方面

推行在事业单位职工养老保险体系改革时,养老风险从事业单位和机关过渡到了社会,养老责任更关注凸显个人的缴费责任,在养老金并轨实施过后,因仍然秉持新人新办法、老人老办法的原则,使得兼容两者变得困难。已退休职工仍依照旧的方式领取养老工资,新入职的员工则依据新的制度缴纳保险并领取养老金。但对于在职员工而言,因原本和老职工一样并未建立个人账户,制度由之前的现收现付制度转变为资金半积累制,使得其账户上的资金缺少,这样的问题必须由国家财政解决。为了更长远的发展,这类职工退休之后要自己填补养老保险金额的缺口。但资金缺口的具体金额没有办法预测,使得政府的财政压力增大。

3. 信息系统的支撑能力不足

首先,目前信息系统的构建全部以地区为单位,各个省市,甚至县、乡和镇很难实现信息共享。同时,没有建立一致的信息系统也是事业单位并轨之后一直没有实行基金投资运营的重要原因之一。其次,信息系统未彻底解决现有问题,拖慢了事业单位建设并轨数据库的进程。各地区建设信息系统的标准没有统一,尤其是农村地区,其数据既不规范也不完整。所以,在并轨收集数据时应建立起一个完善的省级信息系统,实现数据统一。

(三) 推进事业单位职工养老保险并轨的策略

1. 全方位考虑公平和效率

因养老保险政策始终受双轨模式的影响,使得其在体制方面出现了一些问题。而并轨政策的施行体现了国家对本次改革的决心。虽然本次在事业单位推行的养老金改革对保障社会公平有很大的帮助,但仍有许多民众不支持。所以,政府在推进改革时,为避免社会动荡,必须秉持谨慎的行事态度,全方位考虑公平和效率。实现养老保险并轨不能急于一时,政府应引导企业和事业单位向着一致的目标推进改革,秉持一步一个脚印的原则,对事业单位的现存养老保险制度进行改革,进而实现社会养老体系的大变革,帮助事业单位职工养老体系完成由国家养老、单位养老向社会养老的平稳过渡。另外,要依据现有条件健全事业单位职工养老体系,将养老保险并轨改革并入收入分配改革之中。

2. 尽快找出编制改革中与养老相关的问题

（1）加速编制管理转变为岗位管理的脚步。彻底取消传统编制，所有的职工均执行合同制，晋升、考评、薪资分配等不再将编制作为基础。为保障公益性，政府资金严格依照比例划拨。突破因编制不同所造成的福利等方面的桎梏。工作人员全部在同一个平台上缴纳养老保险，解决了职工以哪种编制身份参与养老保险的问题，帮助了并轨改革的顺利实施。

（2）彻底解决因编制不同导致的养老金不同问题。解决此问题的重点措施为应强制要求未完成编制改革的企业在设立职业年金时把编制以外的职工一起纳入缴纳范围，让编外人员也能和编内人员一样享受同等的职业年金。产生的经费由单位自行筹集，对承担不了经费的单位，从并轨当天起，并轨前参与工作的编外人员的退休金差额部分应由地方财政承担，这样既使得员工的利益不受损害，也进一步提高了民众支持改革的概率。

（3）敦促中途停止缴费的事业单位补缴费用。中断缴费的事业单位大多是二类或三类单位，政府应在养老并轨实施时催促单位为员工补缴欠费。针对发展前景不理想的事业单位，可在分类改革时冻结或撤销编制，针对符合退休条件的职工，可在缴纳清欠费之后申请提前退休，退休的工资待遇依然按照原标准执行，与退休条件不相符的员工应缴清欠款后纳入企业养老保险范畴以内。此时期，应由原来的单位负承担补缴费用的责任，可以从其变卖的资产内扣除，而冻结编制的单位应由原单位补缴欠款，帮助职工顺利参与养老并轨。

3. 国家和地方财政要更加支持并轨改革

虽然转制的压力很大，但我国财政依旧可以承担，这就需要地方与国家财政划分责任，一同承担。国家可适当缩减国有资产存量或在保障社会经济平稳运行的基础上筹措补偿金，地方财政部门也应依照国家政策积极进行筹资工作。站在国家财政收支的角度分析，近些年来公共财政收入不断攀升，但我国的社会保障支出并不多，和一些发达国家相比较还有较大的距离，可考虑在一定程度上增加社会保障支出用来帮助弥补转制的成本。还可以将庞大的转制成本平均分配到各年度中，分批逐步解决。

4. 升级已有的信息系统

在升级已有的信息系统时，数据应从县、乡等地向省、市集中收集，凭借这个措施帮助解决信息系统维护不到位和建设不集中等问题，进而帮助推进养老保险并轨改革。在向省、市集中信息的过程中，应保证信息数据和标准统一，尽可能实现当信息向省、市集中时，时间、专业术语和信息面统一，从而为更高级的数据集中奠定扎实的基础。此外，若人员信息发生变动，应第一时间变更信息，以此确保获得的源头数据的精准性。

5. 逐渐提升统筹层次，优化养老金保险结构

统筹层次长久以来一直阻碍着养老保险并轨发展，事业单位职员的工资要保持在同一水平线，并且其缴费基数与最低工资标准要持续同步。若想实现以上目的，应逐步将养老金提升至市级，统筹至一个账户中，政府和职工共同分担风险，这也有利于促进运营与财政补贴。提升养老保险的统筹管控区域也有利于抵抗未知的风险，对提升养老保险跨地域转接的效率有很大帮助，有利于促进人才流通。

同时，如何保值和增值是阻碍养老金管理的重要问题。只有财政充足，才能确保制度与制度之间的顺利并轨，这是事业单位养老保险并轨的物质前提。并轨之后确定统一的制度，两种制度的保险费用都由政府、单位及个人共同承担。在这期间，事业单位承担的缴费率更高，政府的财政压力也很大。想要有效推进并轨改革，解决制度过渡和资金不足的问题，就必须节约开销，提高收入。对此应调整财政支出，将其向养老保险支付方向倾斜，虽然政府机关近几年实行了许多政策，进行了多次调整，政府的财政支出也非常看重养老保险，各个事业单位大力改革，但为了更好地保障职工养老权益，力度仍需加强，政府还要继续优化财政支出结构，让养老保险支出占财政支出的比例更高。

二、职业年金制度

（一）职业年金的内涵

职业年金是指用人单位在参加社会基本养老保险的基础之上，在国家政策指导和监督下，依据本单位实际情况而建立的，旨在进一步提高员工退休后生活水平的一种补充性养老保险制度。从种类划分来看，它既不同于社会保险，也不同于商业保险，而是由用人单位所提供的一种福利性保障。从养老保险体系的角度来讲，职业年金是在建立基本养老保险的前提下，对员工养老的补充和辅助，在

多层次养老保险体系中的作用不可或缺。

职业年金制度与政府财政、单位财务和个人贡献密切相关，属于收入补偿性的制度安排。目前，大多数工业化国家都已建立职业年金制度。作为退休收入的重要补充来源，职业年金在许多国家的养老保险体系中成为无法替代的重要支柱。

（二）职业年金的特征及作用

1. 职业年金的特征

职业年金具有以下共性特征：

第一，多数国家对职业年金制度的建立不做强制要求。与强制性的年金计划相比，多数国家实行自愿性的补充养老保险。对于有能力的用人单位，国家在政策上积极鼓励其建立切合自身实际情况的补充养老保险计划。对于不具备设立条件的用人单位，可不实行补充养老保险计划，可以说具有较大的弹性和灵活性。

第二，缴费职责由雇主和雇员共同承担，其中雇主承担主要部分，雇员缴费所占比例不大。

第三，职业年金制度具有延期性。在缴费期，雇员与雇主的共同缴费将构成资金来源，形成基金储蓄。在雇员退休之后，所积累的基金将会通过养老金的形式发放给雇员，以保障其退休生活。所以，从待遇领取的角度来讲，职业年金制度具有明显的延期性特征。

第四，职业年金基金的投资具有市场化特征。由于职业年金基金的数额庞大，积累期长，因此它所面临的最主要问题在于保值增值，这就决定了它对高效投资的内在需求。职业年金基金的投资运营应按照市场化原则来进行，其投资方向、投资机制与投资过程要充分体现出公开、公平、公正的原则。

第五，国家对职业年金制度的缴费、投资运营及待遇领取环节通常给予税收优惠政策的支持。

2. 职业年金的作用

第一，补充养老。从本质上讲，职业年金是通过对员工当期工资的延期支付，来补充保障其退休生活的一种制度安排。因此，当基本养老保险不足以满足员工养老需求时，作为补充养老的职业年金便可以凸显其作用，对员工的养老水平予以保证和提高。

第二，减轻财政负担。由于受到人口老龄化加快的影响，基本养老保险的支付已使得越来越多的国家背负巨大的财政压力，传统上通过延长退休年龄和增加企业缴费率的做法都不能从根本上解决这一问题。通过发展职业年金计划，完善多支柱养老保险体系，可以在一定程度上减轻财政压力。

第三，人力资源激励。由于职业年金制度在待遇给付上具有延期性的特点，那么对于用人单位来说，围绕职业年金制度进行相应的方案设计，以此来丰富人力资源管理手段和薪酬福利工具，从而给予员工正面激励，对于提高员工工作积极性和效率将具有推动作用。在稳定人才队伍的同时，还可以用来吸引和留住一些优秀人才，有利于强化人才队伍建设，提升单位的软实力。

第四，合理避税。从各国职业年金的发展经验来看，通过税收优惠来给予政策支持都是必不可少的一环。在我国现行的律法中，专门针对职业年金制度的税惠支持还没有最新的规定。但是依据相关政策导向，我国职业年金制度在缴费、投资及领取环节得到更多税收优惠的支持将是大势所趋。因此，从另一个角度来说，职业年金制度为机关事业单位员工提供了一种合理的避税方式。

第五，优化资源配置。职业年金制度的建立会随之形成数额巨大的职业年金基金，这笔巨额资金一般会以市场化的方式流入到经济市场中投资运营。通过对分散的职业年金缴费进行汇集，进而打破时间、空间和产业的限制，实现经济资源的大范围转移。通过对职业年金基金的市场化运作，将基金交由经验丰富的机构进行管理，可以使基金得到最合理、最优化的投资配置。一方面可以满足基金保值增值的内在需求，另一方面也通过市场化渠道将基金投入到了资金需求紧张的经济环节中，很好地实现了资源的优化配置。

第六，促进多层次养老保险体系的发展。养老保险多支柱理论的内涵，在于通过提供多途径的养老保险方式来构建多层次的养老保险体系。因此，全面的养老保障不能单靠基本养老保险的支撑，还需要补充养老保险的配合，这种"基本+补充"的模式也得到了许多国家的实例验证。大力发展职业年金制度，不单是破除"双轨制"的客观要求，更是我国多层次养老保险体系发展的必然选择。

第七，促进养老保险制度的可持续发展。人口老龄化已成为许多国家不得不面对的迫切问题，在老龄化日趋严重的背景下，巨额的养老支出已使得国家财政不堪重负。由于职业年金采取长期的实账积累，与现收现付的基本养老保险相互搭配补充，从而可以有效缓解财政压力，保证养老保险制度发展的可持续性。

(三) 我国职业年金制度面临的问题和挑战

1. 我国职业年金制度存在的问题

第一，缺乏相关法律法规作为依据。由于职业年金制度的发展需要多方面法律法规的支持，涉及领域较广，既需专门性法规依据，又需其他律法支持，包括社会保险法、劳动法、合同法、税法等。因此，建立真正完善的职业年金制度，充分发挥其"第二支柱"的重要作用，就需要对职业年金制度的各个环节，包括缴费、投资、税收、给付、监管等方面实现有法可依、有章可循。这一点，我国企业年金制度的发展就相对成熟。例如，2011 年 5 月 1 日施行的《企业年金基金管理办法》，对企业年金基金的受托、账户管理、托管、投资以及监管等环节做了详细的规定，是企业年金基金运营管理方面的专门性指导文件。而职业年金则缺乏相关规定或办法，以及长期发展所需的专门性法律法规。我国职业年金制度的完善需要法律法规予以支持，缺少了相关律法的规定，职业年金制度的发展就缺少依据和支持，具体落实就会变得异常困难。

第二，目标替代率范围不够明确。职业年金制度作为机关事业单位养老保险改革的配套政策，起到的应是对基本养老保险的补充和辅助作用，在这样的角色定位下，对职业年金所应具备的目标替代率应有比较清晰的界定和控制。作为重要的补充养老保险制度，职业年金的保障水平对机关事业单位员工的退休生活意义重大。但职业年金制度的发展又必须兼顾"效率"与"公平"，既不能因替代率过低而造成其补充养老作用难以体现，又不能因替代率过高而造成养老待遇不公，引发"新双轨"的出现。因此，有必要对职业年金的目标替代率范围予以明确，以平衡不同群体的养老水平。

第三，税收优惠力度有待加大。2013 年 12 月 6 日发布的财税〔2013〕103 号文件，规定了我国企业年金和职业年金实行递延纳税。对年金的缴费和年金基金的投资收益不予征税，而是递延到年金领取环节征收个人所得税，即 EET 的税收模式，为我国补充养老保险提供了税收政策方面的依据。

但是，从财税〔2013〕103号的内容可以看出，我国年金制度的税收优惠政策仍存在着欠缺和漏洞，主要有以下两方面：第一，在个人缴费环节，对于没有超过个人缴费工资4%的部分，当期将不予以征收个人所得税。目前，职业年金制度虽允许"多缴多得"，但由于个人缴费率与纳税标准同为4%，这就使得员工"多缴"的积极性受到很大程度的打击。第二，在年金领取环节，要全额按照税率计征个人所得税。按照现行的个人所得税税率，超过8万元以上的部分将按45%的税率征税。举例来说，如果员工的职业年金账户总共累积了30万元，退休后如果选择一次性领取，那么应缴纳的个人所得税将超过10万元。这样一来，递延纳税与当期纳税相比便没有什么优惠可言。因此，现行政策很难真正地调动员工的积极性，税收优惠力度还有很大的提升空间。

2. 我国职业年金发展面临的挑战

第一，如何防范新的不平等。从资金筹集来看，职业年金与企业年金基本一致，均由单位与员工的共同缴费所组成。但在制度执行的弹性上，二者却存在着根本的区别。我国职业年金制度的建立具有强制性，对机关事业单位而言，无论地区、行业，只要参加基本养老保险就必须参加职业年金，并履行相应的缴费义务。由于机关事业单位有财政作为保障，因此职业年金的建立同样会得到财政的大力支持，基本不存在无力缴费的情况。

然而，我国企业年金的执行则存在很大的弹性，企业可根据自身情况自愿建立，没有强制性约束。所以，企业以利润最大化为出发点，出于对企业年金建立成本的考虑，大多选择了不参与。此外，在建立企业年金计划的企业中，大型国有企业起到了"顶梁柱"的作用，而为数众多的中小型私营企业的参与度则极低。由此可见，能享受到企业年金红利的员工是十分有限的。

养老金并轨后，机关事业单位员工与企业员工所享受到的基本养老保险待遇将趋于一致。但由于职业年金制度的强制性，其建立伊始便实现了广覆盖，而企业年金则不然。因此，在补充养老方面，企业员工将与机关事业单位员工存在着很大的差距。如果职业年金制度的建立导致了不同群体间新的利益失衡，那么便与养老保险制度改革的初衷相背离，必定会引发普遍质疑和不满，不利于社会稳定。

第二，如何负担制度建立成本。任何一项新制度的建立都面临着成本问题，职业年金制度同样面临"钱从哪里来"的难题。机关事业单位由单一的财政养老制度转变为"基本+补充"的多层次养老保险制度，会随之引发多方利益调整，产生巨额转制成本。这些费用主要由以下几方面组成：第一，基本养老保险与职业年金的当期缴费；第二，对员工过去工作年限的视同缴费；第三，按"老制度"支付给"老人"的当期养老金。

从理论上讲，由于政府机关与全额拨款的事业单位有国家财政作为支持，因此可通过适当提高员工工资来解决职业年金的建立成本。而对于差额拨款的事业单位而言，则可通过资金自筹的方式来解决问题。但是从实践的角度来看，上述方案在执行过程中会存在许多障碍。比如，我国拥有着数量众多的机关事业单位，如果单靠提高员工工资来解决资金问题，将会使财政背负巨大的压力。再比如，对于医院和学校等差额拨款的事业单位而言，如果依靠资金自筹的方法来解决职业年金的建立成本，那么很可能会直接推动医疗、教育等公共服务和产品的价格上涨，进而给民众日常生活带来更大负担，影响不可小觑。

第三，不同年龄层次的"中人"的待遇问题。这里所说的"中人"是指职业年金制度实施之前便参加工作，而职业年金制度实施之后才退休的员工。只要不是刚成立的机关事业单位，就会面临"中人"的养老待遇问题。由于不同年龄层次的"中人"对应着不同的退休时间及缴费年限，这就会直接导致他们在领取职业年金时的待遇不同。

针对这一问题，国发〔2015〕2号文件有着明确规定，通过采取过渡性措施，来保证"中人"的待遇水平不降低。这一过渡性措施在随后的人社部发〔2015〕28号文件中做了明确的规定：全国执行统一的过渡办法，为2014年10月1日前参加工作的"中人"设立10年的过渡期，过渡期内将对新老制度的待遇进行对比，采取保底限高原则。过渡期后退休的"中人"将按照新制度执行。也就是说，对于2014年10月1日至2024年9月30日之间退休的"中人"，其实际领取的养老金待遇将不低于老制度下的待遇标准。而对于2024年9月30日之后退休的"中人"来说，他们所领取的职业年金待遇将取决于缴费及投资收益。由于我国职业年金制度实行完全积累制，所以职业年金待遇将主要取决于缴费年限和基金投资时间。对目前年龄为40多岁的"中人"来说，在过渡期结束后就会面临退休问题。但是他们的实际缴费年限与基金投资时间都不长，这必然会导致其与更年轻的"中人"和过渡期内退休的"中人"在职业年金待遇上的差距,从而引发他们的不满。

第四,职业年金基金的保值增值问题。随着职业年金制度的建立,会产生一笔巨额的基金积累,所以基金的保值增值问题也就成为重中之重。《企业年金基金管理办法》规定,职业年金基金的投资管理应当遵循谨慎与风险分散的原则,从而保证其安全性、收益性以及流动性。

职业年金基金投资的首要前提是保证资金的安全,但是如果过分考虑安全性,将巨额基金投资于风险极低的产品和领域,那么最终仅能获取极少的收益,对员工退休后生活水平的提升贡献甚微。相反,如果过分考虑收益性,将基金投资于风险较高但能获取较大收益的产品和领域,那么在增加投资收益的同时也加大了投资风险,有悖于安全性的前提。此外,在考虑到安全性、收益性的同时,基金的流动性也对其投资管理提出了要求。这就意味着基金的投资必须把控好投资期限,以防因流动性不足而引发的待遇给付困难。所以,实现投资收益的最大化,必须以处理好安全性、收益性和流动性三者关系为前提,做好风险、收益与给付之间的协调。这将是职业年金基金保值增值,保证和提高员工养老水平所面临的重要课题。

三、事业单位养老保险并轨后职业年金制度的完善

(一) 完善职业年金制度过程中需要注意的问题

1. 正确处理公平与效率间的关系

公平与效率不仅相互联系,而且相互促进、相互影响。正确处理公平与效率的关系,是确保制度功能得以有效发挥,制度发展得以持续的重要基础。作为基本养老保险的重要补充,职业年金制度在推动我国养老保险制度改革的过程中发挥着举足轻重的作用。而正确处理公平与效率的关系,则是保证职业年金制度顺利运行的前提,是实现改革目标的基础。所谓"制度公平",就是通过制度安排来保证起点与过程的公平性。养老保险功能的发挥,就是建立在"制度公平"的基础之上的,进而实现维护社会稳定、促进经济发展、调节收入分配等目标。倘若无法保证制度公平,那么制度功能不仅得不到有效发挥,甚至还会有负效应的

产生。

养老保险制度的效率有以下两方面的含义：一是制度运行和管理的效率，称之为微观效率；二是制度运行而产生的各方面社会效果之和，称之为宏观效率。养老保险制度在运行过程中既要重视微观效率，也要追求宏观效率。在力求提高微观效率的同时，也要保证宏观效率不受损害，做到微观效率与宏观效率的有机统一。

职业年金制度的发展和完善，要在确保制度公平的前提下，提高其效率。并通过发挥社会机制与市场机制，整合更多相关资源，减轻财政负担，最大限度地发挥职业年金制度的功能，进而实现我国养老保险制度的建设和改革目标。

2. 正确处理权利与义务间的关系

权利和义务是相互依存、不可分割的整体。权利与义务的结合，不仅是养老保险体系的基本特征，也是养老保险制度顺利运行的基础，更是养老保险发展所必须奉行的准则。

履行义务是享有权利的前提和基础，职业年金制度中的各行为主体只有履行相应的义务，才能享有制度所赋予的权利。因此，国家作为职业年金制度的发起者和举办者，必须建立和完善相应的法律法规，明确职业年金制度中各行为主体的权利与义务，并严格监督其贯彻执行，从而确保职业年金制度的顺利实施。

3. 正确处理政府与市场间的关系

政府与市场的关系，是经济社会发展中最基本的关系之一，是共生互补的关系。正确处理政府与市场的关系，需要明确政府的主导责任，并充分发挥市场机制作用，以促进经济社会的健康发展。

从各国社会保障的实践来看，政府都扮演着社会保障制度主导者的角色。对于职业年金制度而言，作为主导者的政府更要承担制度发展过程中的主导责任，通常包括完善立法、财政支持、管理监督以及宏观调控等。此外，在制度转型期，还应承担相应的转制成本。政府只有切实承担起上述重大责任，并确保制度运行的安全、稳定、可靠，职业年金制度才能获得公认和支持。

然而，政府并非万能的，其职能和作用也是有限的。强调政府承担制度发展的主导责任，并不是要排斥市场机制的介入，而是要合理地引用市场机制。在基金的筹集、基金的保值增值、制度的运行管理等方面，市场都发挥着政府所不能取代的作用，是保障职业年金制度顺利运行的另一大抓手。

总而言之，在职业年金制度发展和完善的过程中，必须充分发挥政府的主导作用，与此同时，合理地利用市场机制，以弥补政府功能的不足，促进制度健康平稳地发展。

4. 正确处理需求与资源间的关系

从经济学角度来看，任何一项制度的实施和发展，都需要相应的资源供给作为物质基础。没有资源支持的制度是无法持续发展的，职业年金制度也不例外。

由于我国职业年金制度是专门面向机关事业单位员工的，他们的工资主要由国家财政负担。从这一角度来讲，职业年金制度的发展必须与国家的财政负担能力相匹配。只有合理地确定财政与个人的负担比例，并使职业年金制度的需求与经济社会所能提供的资源相匹配，才能保证制度的可持续发展。

5. 正确处理不同群体间的利益关系

任何制度的颁布实施，都会涉及不同群体间的利益调整，职业年金制度同样如此。如果无法处理好，就极易产生社会不公，诱发社会矛盾，影响社会稳定。

因此，在职业年金制度的发展过程中，必须要高度重视利益关系的处理。一方面，可通过有效的制度安排，使绝大多数人从中受益，实现福利的最大化。另一方面，可运用过渡性政策，实现新旧制度的平稳衔接，从而平衡不同群体间的利益，保证制度的顺利运行。

6. 正确处理不同系统间的发展关系

从系统的角度来看，职业年金制度作为经济社会大系统中的一个子系统，其发展在影响经济社会大系统的同时，也受制于这一大系统。一方面，职业年金制度的实施，会使得社会收入分配、市场投资环境等方面发生变化，从而对经济社会这一大系统的发展产生影响。另一方面，经济基础决定上层建筑，作为国家顶层设计的职业年金制度，其发展程度直接受制于经济社会大系统的发展程度。

因此，正确协调二者之间的发展关系，实现系统间的良性互动和协调发展，是职业年金制度发展过程中必须处理好的一个问题。

(二) 完善职业年金制度的具体思路

1. 制定和完善相关法律法规

通过总结职业年金发展的国际经验，不难发现，"立法先行"是各国在职业年金发展初期的普遍做法。2008年，我国选取山西、上海、浙江、广东、重庆五省市作为职业年金制度的试点地区，并赋予他们制度设计的自主权，各省市可根据自身情况来安排覆盖人群、缴费模式、领取资格等实施细节。这一做法在一定程度上考虑了地方实际，使得各自的制度设计更具操作性。但由于缺少统一的强制性的法律法规，导致制度的执行缺乏约束性，许多试点地区停留在观望阶段，部分单位及个人也易钻法律漏洞，最终试点方案未能取得实质性突破。因此，必须制定全国统一的法律法规，将职业年金的方方面面上升到法律高度，进行强有力的约束。通过法律法规明确雇主、雇员等各方的权利和义务，使之"有法可依""有章可循"，避免"碎片化"的产生。

中共十八届四中全会要求加快保障和改善民生、推进社会治理体制创新法律制度建设。依法加强和规范公共服务，完善社会保障等方面的法律法规。因此，应尽快对职业年金制度的适用人群、缴费模式、投资运营、待遇给付、税收政策以及监督管理等方面以法律的形式做出明文规定。此外，还应对与职业年金相关的现有法律法规加以完善，使之与职业年金制度相配套。例如，政府、单位和个人的权责在社会保险法中予以明确，相关税收法令中为职业年金设立专门性优惠条款等。以此为职业年金的发展提供良好的法律环境和制度保障，让职业年金从筹资、运营到领取的全过程都在完善的法律法规下运行，实现全环节的有法可依。

2. 实行合理的税收优惠政策

国外职业年金制度的发展经验表明，合理的税收优惠政策对降低职业年金的建立成本有着显著的作用，对促进职业年金的普及效果明显。在税收优惠政策的推动下，员工参与职业年金的积极性得到了很大的提高，有效地提升了职业年金制度的参与率和覆盖率。除此之外，合理的税收优惠政策在一定程度上可以赢取单位和个人对于职业年金制度的支持，进而减小制度推行过程中的阻力，促进职业年金制度的发展。

2013年12月6日，多部门联合下发《关于企业年金职业年金个人所得税有关问题的通知》，对企业年金、职业年金实施个人所得税递延缴纳的优惠政策。这在一定程度上，对职业年金的建立和发展起到了激励和推动作用，但在力度和细节上还有待进一步提高和完善。首先，应进一步增加税收优惠力度，提高税收优惠比例。其次，要明确职业年金的免税额，最重要的是，要保证递延纳税所缴纳的税款低于当期纳税所缴纳的税款。如此一来，才能调动单位与员工参与职业年金制度的积极性。

3. 加强职业年金的投资运营

我国职业年金制度实行完全积累制，属于长期性的养老保险计划。这意味着职业年金基金从筹集到领取，跨越时间长、承受风险大，因而对保值增值有着更高的需求。所以，加强职业年金基金的投资运营水平就显得尤为重要。主要可以从以下几方面着手：

第一，优化治理结构，保证基金的独立性。目前，针对职业年金基金管理的规定尚未出台，缺乏相应的政策指导。但由于职业年金与企业年金存在较高的相似性，且我国企业年金有专门性的基金管理办法，所以，我国企业年金的运作经验可以为职业年金基金的投资运营提供很多参考与借鉴。依据我国相关法律法规的要求，企业所建立的企业年金计划应采用"委托—受托"型管理模式。我国的企业年金主要由受托人、账户管理人、基金托管人、投资管理人四类机构负责运营管理，各机构之间职能分隔且相互独立，互相监督、配合，有效地控制了企业年金的运营风险。因此，企业年金在我国建立以来没有发生过重大的风险事件，主要在于基金管理上坚持了资金外部独立托管，保证了资金的安全。鉴于此，未来职业年金的治理结构必须做到钱权分离，管理机构之间职责分明，相互牵制，例如受托人不能兼任托管人，托管人和投资人的高管不能兼任等，从而保证资金的独立性。

第二，强化受托人作用，建立有效的考核机制。在年金管理体系中，基金的资产配置在一定程度上决定了投资风险和收益。因此，作为资产配置责任主体的受托人，在基金的投资运营中发挥着核心的作用。由于受托人责任重大，因此，委托人必须赋予其相应的权利，保证其投资决策的独立自主性。由于受托人的地位特殊，这就要求其必须具备丰富的专业知识和强大的投资决策能力。此外，受托人还应聘请熟悉各类投资市场的外部专业人士，成立专门的投资顾问团队，为投资决策提供参考意见。

为保证基金的投资收益，受托人还应建立一套行之有效的考核机制，以能够量化的标准来考评投资运营过程中所涉及的各个角色。考核内容应涉及投资战略、投资类别和投资组合等方面。通过有效的考核机制，受托人可以随时了解基金投资运营是否正常，从而及时发现问题并予以纠正。

第三，重视资产配置，着眼中长期投资。战略资产配置与资产配置动态调整，共同构成了资产配置的核心部分。战略资产配置着眼于中长期内基金投资的资产类别和各类资产的投资比例，是投资决策中最为重要的内容。制定战略资产配置的过程中，需要通盘考虑影响战略资产配置的重要因素，包括律法约束限制、长期收益目标、风险承受能力、投资标的物概况等。当投资策略需要调整，或宏观经济环境、投资资产市场等发生重大变化时，受托人便需要及时对资产配置做出适当的调整，并重新审视各类资产的配置比例是否科学合理，即资产配置动态调整。因此，资产配置虽着眼于中长期，但绝非一成不变。

4. 防范新的待遇不公的产生

为减少养老保险"并轨"的改革阻力，国家决定建立由财政支持的面向机关事业单位员工的职业年金制度，作为对基本养老保险的补充。但对于企业员工而言，难免会心存顾虑，担忧"新双规"的出现。要想避免职业年金制度产生"新的不公"，可以从以下两方面着手：

第一，基本养老要"高度一致"。机关事业单位正在构建"基本养老保险+职业年金"的多层次养老保险制度，在这一过程中，只有让企业员工切实感受到基本养老保险的公平性，并理解职业年金制度建立的必要性与合理性，才能打消企业员工的顾虑，减少制度推行的阻力。为此，对机关事业单位基本养老保险的定位就显得尤为重要。只有进行合理的定位，不搞特殊化，确保其与企业员工基本养老保险在实质和形式上保持高度的一致，才能实现基本养老层面的公平。

第二，补充养老要"步调一致"。前文已提到，养老金并轨后，应着重防范补充养老保险领域产生"新双轨"。因此，在不降低机关事业单位员工退休后生活水平的前提下，避免"新双轨"产生的直接办法就是加强对企业补充养老保险的普及和发展,即企业普遍建立企业年金。大多数中小微企业由于受到自身规模与经济能力的限制,基本养老保险的缴费已令其负担沉重,再加之企业年金的缴费成本,无疑是雪上加霜,建立企业年金的动力将会明显不足。针对以上问题,可以通过适度降低企业员工基本养老保险中的单位缴费比例来进行解决。如此一来,在不增加企业负担的同时,还为企业建立企业年金创造了可能,从而可以有效缓解企业与机关事业单位在补充养老问题上的症结。运用缴费转移的方法不仅可以减轻企业参与基本养老保险的经济负担,还能为企业建立企业年金提供资金来源。企业与机关事业单位在补充养老保险发展上的"步调一致",可以有效缩小退休收入上的差距,避免新的不平等的产生。

5. 多途径分担制度转轨成本

机关事业单位养老保险制度的改革,涉及基本养老保险和补充养老保险两部分。基本养老保险的"并轨"和职业年金制度的建立会产生巨额的转轨成本。对于差额拨款的事业单位而言,如果在制度"并轨"后参照企业员工基本养老保险20%的缴费率来执行,加之8%的职业年金缴费率,那么这笔转轨成本将是它们难以承受的,完全依靠其自身来负担很不现实。基于这一实际问题的存在,究其根本原因,在于养老保险"双轨制"的根深蒂固。因此,对于历史遗留问题而产生的转轨成本,由政府财政负担相对更为合理,产生社会动荡的风险也相对更低。针对这一巨额转轨成本,政府应力求在一个较长的时期内通过多种途径进行消化。具体可考虑通过划拨国有资产、发行专项债券等手段予以化解。

6. 稳定"中人"的待遇水平

前面提到,职业年金制度的发展要处理好不同群体间的利益关系。但在同一群体内,同样会涉及待遇落差和利益冲突。针对不同年龄层的"中人"退休后待遇落差问题,机关事业单位可根据自身情况,设计符合本单位实际的职业年金过渡计划。可尝试以下三种方案:

第一,单位予以补贴。针对人社部发〔2015〕28号所提出的"2014年10月1日至2024年9月30日的10年过渡期"(以下简称过渡期),机关事业单位可对过渡期后退休的"中人"给予职业年金待遇上的补贴,以弥补他们与其他年龄段"中人"的待遇差。机关事业单位可通过设定过渡点来进行划分,例如,将

2029年9月30日作为过渡点，对于在过渡点之前退休的员工，可于退休次月起，按月支取个人账户中的职业年金，待职业年金支取完毕，则由单位按照相关标准予以补贴。而对于过渡点之后退休的员工，则依据职业年金个人账户中的实际金额按月领取。

第二，提高缴费基数。针对过渡期之后退休的"中人"，可按照距离2024年9月30日的远近来确定缴费基数。退休日期距离2024年9月30日越远的，则提高缴费基数的幅度就越小；退休日期距离2024年9月30日越近的，则提高缴费基数的幅度就越大。这样一来，对于退休日期距离2024年9月30日较近的"中人"而言，便可快速积累职业年金账户中的资金，从而确保在过渡期结束前后退休的员工在领取职业年金时的待遇基本一致，不出现待遇断崖式下降的情况。

第三，延长缴费年限。对于那些过渡期后接近退休年龄的"中人"，可允许他们退休之后，继续为其职业年金账户进行缴费。为避免由于个人缴费而引发的当期收入下降过多，单位可相应承担一部分或承担全部的缴费义务，直至员工个人想领取职业年金时为止。如此一来，职业年金账户的资金规模便得到了有效地扩充，避免了在领取时待遇差距过大的问题。

第三节 事业单位激励机制的建立

一、人员激励的作用和原则

（一）激励的作用

1. 激发工作热情和发掘潜能

激励是激发工作人员工作热情、发掘工作人员潜能的重要措施。人具有潜在能力到潜在能力的发挥之间，运行方向为：潜在能力→中间环节→能力发挥，其中的中间环节又称"中间项"，包括人的因素和物的因素等诸方面内容。这些中间环节和因素便是激励机制。当这些中间环节中渗透着有效的激励，并使之得以有效运行时，工作人员的潜能有可能得到较好的发挥，工作人员的工作绩效也有可能达到最佳。反之，工作人员的工作潜力有可能被淹没，工作热情也会被压抑。

2. 推动良好组织文化的形成

在组织系统中，对工作人员的尊重、对他们价值的承认以及对他们需求的适度满足，均为激励机制的体现，它有助于增强工作人员的自信心，使他们产生满足感，并增强对组织系统的认同。在这种组织氛围中，人们相互信任和尊重，组织系统中充满积极鼓励的气息，形成一种良好的组织文化，从而推动组织任务和组织目标更好地实现。

3. 具有心理鞭策作用

激励对工作人员的行为动机和工作行为具有强化功能。当工作人员作出较好的成绩时，组织系统通过奖励措施予以肯定，达到巩固和发展此种行为的目的。此时，奖励措施发挥着正强化功能。反之，当工作人员的工作行为不佳，甚至在工作中违反组织规章时，组织系统对之采取相应的惩罚措施，以抑制和消除此种行为。这种惩罚措施发挥着负强化的功能。此类激励措施具有心理鞭策和辐射作用，它有助于调整人们的行为动机，扬善去恶，使组织系统朝着正确的方向发展。

4. 提高工作人员的素质

激励包括物质激励和精神激励、内激励和外激励、情感激励和工作激励等多种形式，有助于引导工作人员不断提高自身素养和工作能力，朝着更加符合组织目标的方向发展。

（二）激励的原则

1. 民主公正原则

公正是实现有效激励的基本原则，没有公正，非但激励不能收到应有的效果，还会造成负面影响。要做到公正，需要有民主机制为之保证。在建立与贯彻激励机制的过程中，要有配套措施，包括工作人员的参与机构、参与程序和相应监督机构的设置、有效监控机制的建立，以保证激励功能的正常发挥。

2. 组织目标与个人目标相结合的原则

在建立激励机制的过程中，激励目标的设置是一个重要环节。首先，激励目标要与组织目标相一致，要有利于组织目标的实现。同时，激励目标的设置还应符合工作人员个人的需要，在一定程度上与个人的目标相吻合，正是由于激励目标能够在一定程度上满足个人要求，才能较好地调动工作人员的积极性。从社会意义上看，人的价值本身具有双重性，既具有社会价值，也具有自我价值。社会价值是自我价值的外在表现，自我表现价值则是社会价值的基础，二者相辅相成。组织系统只有尊重工作人员的自我价值，并在可能的情况下帮助他们实现自我价值，工作人员才能够较多地认同于组织系统的价值和目标，也才能够更好地调动工作人员的积极性。当组织系统的激励机制有助于同时实现这两种目标时，组织目标能够最大限度地得以实现。

3. 物质激励与精神激励相结合的原则

作为社会人，每个人都存在物质需要和精神需要，因此通过满足人们的需求去激发人们行为动机的激励机制，应该将物质激励与精神激励结合起来。既不搞那种空泛的、只讲奉献、没有相应物质奖励的单纯精神奖励，也不搞拜金主义，诱导工作人员一味地追求物质回报。而是将二者有机地结合起来，避免偏颇，使激励机制真正做到适度有效。

4. 外激励与内激励相结合的原则

所谓外激励和内激励是根据赫茨伯格的"双因素理论"加以区分的，外激励是指满足工作人员安全与社交等需求的激励因素，包括工资、奖金、福利和人际关系等因素；内激励则是指满足工作人员自尊和自我实现需要的激励因素，如赋予工作人员具有挑战性的工作，使工作人员从工作中得到满足，感受到自我价值的实现。内激励所激发的工作行为动力比外激励深刻持久，因此，管理者要善于采用不同的激励手段，以内激励为主，使二者相结合。

5. 正激励与负激励相结合的原则

所谓正激励是指对工作人员符合组织目标的行为，尤其是为实现组织目标做出较大贡献的行为所给予的奖励；所谓负激励则是对违背组织目标的行为给予的惩罚。在一个组织系统中，两种激励形式都是必要的，只有在管理中将两种管理手段有机地结合起来使用，以正激励为主，以负激励为辅，才有可能保证组织系统的正常运行，更好地实现组织目标。

二、事业单位人事管理中激励机制存在的问题与对策

(一) 事业单位人事管理中激励机制存在的问题

1. 缺少多种激励措施

事业单位在建立激励机制时,没有采用多种激励手段,致使部分单位总是依靠个人的主观意志进行激励,具有很强的随意性和不确定性。这就造成了单位职工工资和福利与他们平时的工作表现不成比例,不能确保他们的激励公平,从而使他们的工作热情大大下降。加上目前一些事业单位采用的激励方式多集中在物质上,在精神上很难发挥其应有的效果。对单位人员来说,实行物质奖励能有效地激发他们的工作热情和主动性。然而,一些事业单位往往仅注重于短期的物质奖励,而忽略了长远的心理激励。加上物质奖励和标准制定的不够完美,这就造成了两种现象:一是在人事制度改革之后,推行了绩效薪酬和契约聘任制等管理措施,让管理层以物质为主要动力,通过加薪、奖金、福利等手段来激发职工的积极性。二是因为平均主义,让那些有能力的人失去了工作的动力,从而导致了他们的工作效率下降。同时,由于某些岗位的工作性质有一定的限制,而且其激励对象也比较单一,很难有效地发挥激励制度的作用。此外,部分管理人员在实施激励措施时,未能与广大职工进行有效的沟通与交流,不能全面理解职工的内在需要,在采用这种激励方式的时候,没有把精神上的激励与物质上的激励相结合,物质的激励作用只能维持一段时间,从而削弱了激励的效力,很难让所有人都团结在一起,阻碍了单位的发展和进步。

2. 缺乏有效的人事管理激励力度

推行激励机制是推动事业单位实现人事管理的一个重要目标,也是推动其可持续发展的关键。从目前的状况来看,我国目前实行的激励制度并不能达到预期的效果,主要原因在于:第一,在日常的人事管理工作中,对职工的工作状况未进行跟踪,对其工作状况的把握不够精准,导致了激励机制的不完善;第二,有关部门的工作人员对激励机制认识上的偏差,对激励对象的界定不够精确,导致他们在落实工作中缺乏有效的激励力度。而这种"走过场"的激励方式,往往会

使职工失去对工作的热情,从而使用人单位的绩效考核和激励体系形同虚设,难以落实,进而影响了单位职工的工作积极性,阻碍了事业单位的发展。

3. 绩效考核的作用没有得到应有的发挥

现行事业单位的绩效考核体系与事业单位的激励机制之间存在着不和谐的关系。在事业单位,绩效是培养后备人才和职称评定的重要依据,也是激发工作人员积极性的重要途径。然而,由于目前我国事业单位实行的绩效考核体系还不够完善,无法充分发挥其职能和作用,其成效可想而知。因此,必须不断地优化、完善绩效考核系统,构建公平、公正、科学、合理的绩效考核体系。

(二) 事业单位人事管理中激励机制的构建

1. 保证激励制度的规范化

首先,在激励方式上,要及时地适应职工的需求、层次的变化,针对职工的不同,采取不同的奖励方法,使其发挥出最大的效用。由于不同的职工群体存在着不同的特点,单一的激励方式很难使所有的职工都满意,因此,要根据事业单位的实际情况,采取有针对性的激励措施。比如,对青年业务骨干来说,他们最大的心理需求就是职业生涯的成败和提高,所以要提高他们的工作水平,为他们的发展创造一个良好的平台;而对中年人,则应着重于物质奖励,可以提升其工资及福利待遇,以改善其生活条件,并促使其更加努力工作。

其次,要坚持以人为中心的思想,建立健全的激励机制。在制订人力资源激励政策时,应从职业规划、职业兴趣、能力水平等方面进行全面的调研,以保证激励手段的科学性、针对性和有效性;要做到正向激励和逆向激励的有机结合,即要对工作中表现突出的职工进行奖励型激励,并通过惩罚型激励达到制止、约束和警示的目的;要把内部激励与外部激励有机地结合起来,注重职工的工作满意度,注重奖金、薪酬等外部激励。比如,在工作场所,要真正理解、尊重、爱护职工,创造良好的工作环境,让所有人都能真正地接受事业单位文化,以加强事业单位的凝聚力,激励他们更好地投入工作。

2. 运用各种激励手段提高绩效

不管是物质上的激励、精神上的激励,还是职务上的激励,都能体现出对一个人价值的认可。在建立事业单位的激励制度时，必须把物质和精神的激励有机地结合起来，以增强职工的责任感、价值观和绩效，满足职工的社会需求，尊重职工的需要和自我实现，从而增强对职工的激励效果。所以，在实施激励制度时，要采取多种形式的激励手段，使事业单位的正常发展效果得到充分发挥，从而提高职工的工作效率。一般的事业单位在建立激励机制的时候，都会从物质、精神、职务三个层面入手，通过对职工的奖金、晋升和荣誉的奖励，充分激发职工的工作积极性，培养职工的竞争意识，从而提升事业单位的人事管理能力。特别是对领导干部，可以在一定程度上引入一些新的激励手段，使之与传统的激励机制相结合，形成一个整体的激励机制，从而推动整个单位的发展。同时，运用各种激励手段对单位职工进行全方位的评价，使其更好地体现个人价值，从而有效地提升事业单位的人事管理效率。在这一过程中，要始终坚持物质和精神上的双重激励，即要从职工的个人目标、价值体现、能力提升、情感归属等方面，激发职工的工作热情，从而提高事业人员的自觉性。

3. 将绩效考核和薪酬分配相结合

绩效考核是对职工工作能力、职责、业绩等进行量化的评估。实施绩效考核的目的在于遵循"多劳多得"的原则，使职工的薪酬更加具有激励性和竞争性。因此，必须将绩效考核与薪酬管理相结合，使绩效考核的结果成为事业单位薪酬管理的基础。在此基础上，将工作环境、工作内容相近的人员划分为同一岗位，并与该岗位的实际工作密切联系，制订出一套科学、合理的评估标准，以百分比的形式量化考核结果。同时，建立一套行之有效的绩效考核制度，对各个部门的人员进行定期的考核，全面了解各个部门和人员的工作状况，并在发现问题后，及时制订相应的改进措施；建立以业绩评估为基础的薪酬激励体系，将表现优秀的职工列为"先进"，并给予相应的奖励和晋升，对表现不佳的职工进行处罚、降级、降低工资，从而有效地激发职工的工作积极性、主动性和创造力。一般情况下，考核指标中会列出具体的奖励和处罚，并且严格按照一项或多项得分的加权平均值来计算，坚持建立标准化、细致、可量化的人事管理模式，创新用人的考核方式，确保考核结果的科学性，从而有效地避免了定性评估中出现的不确定性。同时，要对各种激励体系进行细化，以避免在考核过程中出现模糊的现象，使每个人的工作能力得到充分发挥，从而使其更加公正。另外，在对单位进行人力资源评估时,要考虑到现实情况,制订一个健全的、完整的制度评估体系,以突出职工激励的多样性和层次。比如,将上一级评价、关联岗位评价、服务对象评价等多种评价手段结合起来,可以有效避免事业单位人事管理中的问题,提高其实际运用效果。

4. 激励模式的优化

新形势下,传统的人才管理模式已不能适应新形势下事业单位发展的需要,有些事业单位的发展受到了制约。如何突破这一困境,提高人才的竞争优势,促进事业单位的可持续发展,已成为我国事业单位深化改革的一个重大课题。在许多事业单位"吃大锅饭"的情况下,事业单位的职工觉得,正式入职就是拥有"铁饭碗",在工作中论资排辈,缺乏热情,存在不想有功也不想犯错误的思想。所以,事业单位只有强化人事工作自主权,坚持以人为本的发展理念,进一步优化人力资源激励模式,注重对职工专业能力的培养,建立与之相匹配的量化考核标准,才能适应事业单位发展的需要。事业单位要根据工作实际,围绕单位职能,科学设置工作职责,根据工作岗位,制订明确的量化考核标准和配套激励机制,其中激励机制应当建立在科学调查和准确掌握职工需求及变化趋势的基础之上。在此基础上,运用各种有效的激励措施,建立一套行之有效的业绩评价制度,创设积极的竞争环境,以增强事业单位的危机感和竞争意识,从而使事业单位充满生机与活力,促进事业单位的发展。

5. 加大资金投入

在我国事业单位的不断深化改革中,以激励的方式提高人力资源的开发与管理,使之焕发出勃勃生机,更好地为社会服务,已经成为一种必然。就当前大部分事业单位的财务资助程度而言,要建立起一套科学、高效的人力资源激励体系,建立一支专门的人事管理队伍,保证各种激励措施的落实和长期有效地实施,仅依靠临时性资金补助恐无法达到预期的激励效果,尚有较大的资金缺口。因此,要从地方事业单位发展的现实出发,加强对事业单位人事制度改革的扶持,完善财政投入,加大专项投入。同时,要健全与事业单位职责相匹配的绩效考核体系,以考核经费使用情况为依据,通过将考核结果发布在信息平台上,增强各部门工作人员的责任感,从而保证各部门人事管理工作的成效。

6. 制订科学完善的事业单位激励机制

事业单位的资金来自政府的资金，通常情况下，都会有比较完善的内部组织，专门负责建立和完善激励机制，因此，目前单位最重要的工作就是科学地制订和优化制度。从目前的工作人员流动来看，大部分事业单位岗位都是比较稳定的，并不存在被辞退的危险，因此，许多人不认真对待自己的工作，不重视职工的工作，不重视考勤，严重影响了职工的工作积极性。这就要求不断地优化和改进激励机制，通过对职工的工资结构进行有效的调整，对现有的资源进行有效整合，明确目标和职责，将各个部门的人员的发展都纳入了激励体系当中。这是一种非常直观的方式，可以极大地调动他们的工作热情，让他们在接下来的工作当中更加积极。

第七章 事业单位职称评定与聘任制度

第一节 事业单位职称评定与聘任概述

一、事业单位职称

事业单位职称是对事业单位工作人员在专业技术领域进行评定和认定的称号。通过评定职称，可以衡量工作人员的岗位能力和职业水平，同时也是鼓励他们在专业领域继续学习和发展的一种激励措施。

事业单位职称的设置通常由国家或地方政府相关部门负责制定和管理。具体的设置和命名可能会有一定的差异，下面是一般常见的事业单位职称设置分类：

技术职称：在科研、工程、技术服务等领域的事业单位中，常见的技术职称包括助理工程师、工程师、高级工程师等。不同级别的技术职称对应着不同的技术水平和工作能力要求。

专业技术职称：在教育、医疗、文化艺术等领域的事业单位中，常见的专业技术职称包括助理研究员、副研究员、研究员、讲师、副教授、教授等。这些职称主要用于评定人员的科研能力、教学水平和专业技术成果。

管理职称：在各类机关、企事业单位中，常见的管理职称包括助理主任、主任、副主任、总监、高级职员等。这些职称主要用于评定人员的管理能力和综合素质。

其他职称：根据具体行业和职能的需要，还可能存在其他特定的职称设置。例如，具有律师资格的事业单位工作人员可能会有律师职称；在艺术院团、博物馆等文化领域的事业单位，可能存在艺术家、保管员等专业职称。

不同职称所对应的条件和标准也会有所差异，包括学历要求、工作年限、岗位职责、考试或评审等环节。具体评定和设置的细则一般由相关部门或机构发布和实施，以确保职称评定的公正性和科学性。值得强调的是，职称只是评定个人的专业能力和职业水平的一种方式，对于事业单位来说，更重要的还是根据具体岗位需求和绩效考核，选拔和使用具有实际能力和经验的人才。

二、事业单位职称评定

在中国，事业单位职称评定工作一般由国家或地方具体机构负责管理。评定的依据包括个人的学历、工作经验、专业技术水平、工作业绩等因素。评定的过程通常包括材料审核、专业知识测试、综合考核等环节。

事业单位的职称评定分为三个等级，即助理级、中级和高级，每个等级对应的学历和工作年限要求都有区别，以助理级为例，本科学历的从业人员，需要具备满 1 年的专业技术工作经验，即可评定为助理级。需要说明的是，唯有专业技术类的事业单位有职称评定。

在专业技术类事业单位，技术职称评定，也要看专业方向。如果符合专业评定，按相关规定，本科毕业实习期满，就可以评定助理职称，评上后四年可以参加中级职称评定，也就是最早 5 年就可能评定中级职称。

（一）事业单位职称等级

事业单位在岗位设置上共分管理岗、工勤技能岗、专业技术岗三个类别。管理岗走职员级别，从低到高共十级，属于行政职务序列，不存在职称的问题；工勤岗在岗位等级上分初级工、中级工、高级工、技师、高级技师等几个类别，也不存在职称问题。专业技术岗人员存在初、中、高等职称级别。同时又细分为 13 个等级，初级岗位又分十三级至十一级，中级岗位又分十级至八级，高级岗位又分七级至一级。

专技岗最低级的是 13 级，也就是初级岗中最低层级。对于刚进入事业单位的新人来说，如果你聘用的岗位是专技岗，本科学历任职一年转正后可聘任助理级工程师，如果是大专学历则工作满 3 年后才能聘任助理级职称。满 7 年的工作经历的话可以直接评审中级。

（二）职称的比例

现在事业单位实行评聘分离，也就是你评上了更高一级的职称，但还需要单位聘用上。高、中、低级三个岗位级别一般比例控制在1∶3∶6，级别越高指标越少。事业单位评职称其实就是对每个人的等级评定，等级越高相应的工资待遇就越高，所以这是每个事业单位人都要考虑评职称的原因所在。

（三）事业单位职称评定办法

一是职称评审。即通过评审委员会评审取得职称的一种方式。一般程序是个人申报、单位民主评议、单位推荐委员会推荐、单位和主管部门审核。最后，提交到当地的人社部门组织进行评审。提供的主要材料有：毕业证、学位证、继续教育证明材料、证明个人能力的奖励和荣誉、论文等。需要说明的是：评审取得的职称仅在本地有效。

二是职称考试。即通过全国统一组织的考试，成绩合格取得的一种方式。能考试的取得职称的不再设置评审委员会进行评审。主要有会计、经济、统计、审计、卫生、社会工作者等初级和中级职称。这种方式取得的职称在全国范围内有效。

三是职称确认。即通过人社部门的认定直接取得职称的一种方式。前提条件是正规全日制毕业，并且学历要和从事的专业一致或相近，即学的和用的相一致方可。一般情况下，硕士研究生工作三年可确认中级、本科毕业生工作一年可确认初级、专科毕业生工作三年也可确认初级。

四是流动认定。评审取得的职称仅在本地有效。如果因工作调整到职称评审地以外的地方工作，需要到本地人社部门进行流动认定。前提条件是，在现单位工作一年以上，并且符合当地的评审条件方可。

三、事业单位职称聘任

事业单位职称聘任是对在事业单位具备相应资格条件和做出相应工作贡献的人员进行聘任的一种制度。职称聘任是综合考虑个人的学历、工作经历、专业技术水平和绩效等方面的因素，将其评定为相应职称等级，并以此为依据进行聘任。

职称聘任的目的是鼓励和激励事业单位工作人员的学习和提升，促进其在专业技术领域的发展和进步。通过聘任制度的实施，可以激发人们的积极性和创造力，提高事业单位的工作效益和服务质量。

在职称聘任过程中，需要严格按照相关规定和程序进行评审和聘任，确保聘任结果的公正、公平和科学。聘任的依据和标准应当明确规定，评审过程应当透明公开，并充分尊重个人的权益和隐私。

事业单位的职称聘任管理必须遵循社会主义制度和法律法规，维护国家的政治安全和稳定，并服务于国家的发展和人民的利益。在实施职称聘任时，需要坚持正确的政治方向，加强思想政治教育，筛选和选拔具有高度政治觉悟和业务能力的人才，为事业单位的发展提供优秀的技术和管理人才。

第二节 事业单位职称评定与聘任面临的困境

一、事业单位职称评定面临的困境

（一）管理存在的问题

第一，缺乏良好的内部执行控制。目前，事业单位内控制度的作用无法得到充分的发挥，究其原因，主要是因为一些事业单位人员没有严格地按照内控制度中的相关要求和内容开展相应的控制管理工作。领导不严格按照要求执行便导致了职员对内部控制制度的不重视，因此在事业单位的内部控制管理上就具有很明显的随意性，直接给规范性的管理加大难度。

第二，缺乏完善的预算改革制度。财务管理工作是事业单位管理的重点内容，而在财务管理工作中预算又是其核心基础。结合目前的情况，很多事业单位盲目扩展项目，在决策的过程中将重点放在发展上，日渐加大资金投入，从而带来巨大的风险，导致事业单位财政的稳定性受到威胁。除此之外，事业单位在实际的预算当中，弱化了对专项经费、公共经费、人员经费等各项支出项目的优化工作，使其存在严重的分散现象。

第三，缺乏完善的财务管理制度。随着我国社会经济的不断发展，传统的管理制度已经无法跟上时代的发展潮流，通过调查，目前我国事业单位还缺少完善的财务管理制度，在开展相应的财务管理工作时并没有完善的依据，其内容上并没有结合实际，还存在着不足和缺陷，需要在此基础上进行补充完善和优化。

（二）技术人员职称评定存在的问题

第一，评价体系与发展目标不一致。在事业单位中，可通过职称评定对职工进行引导和激励，使职工行为与事业单位的发展战略目标相一致，但是在实践中，很多单位都没对单位发展的战略目标做顶层设计，都只是为了评定而评定，最终导致职称评价体系的设置与单位的发展目标无法同步。

第二，评价方式较为单一。在目前的事业单位职称资格评审中，职务聘任要素，如学习、发表论文数量、履职年限等被当作职称评定的固定化指标，而对于非高等院校等以传授知识、教书育人为宗旨的事业单位而言，部分专业技术人员为了评职称而去进修获得高学历、发表了符合评定要求的论文，对于认定他们的专业技能和解决岗位工作中遇到的实际问题等都有待商榷。标准设置不科学，重学历和科研成果，轻实际工作绩效和实践能力，职称评价体系单一是目前事业单位在技术人员评定职称中存在的通病。

第三，评价主体较为单一。虽然职称评审委员会的委员大多是经由有关单位推荐确定的，但是单位一般都具有较大的选择权和自主性，结合目前的实践情况来看，我国事业单位的职称评定工作主要是先筛选符合条件的人员，先内部进行差额投票，最后上报。这种参与职称评定的主体较为单一，缺乏多元化，导致评价结果缺乏公平性和公正性。

二、我国事业单位聘任面临的困境

（一）现行专业技术职称制度的特点

专业技术职称是衡量专业技术人员的学术或专业技术水平的一种称号。就学术而言，它具有学衔的性质；就专业技术水平而言，它具有岗位的性质。专业技术人员拥有何种专业技术职称，表明他具有何种学术水平或从事何种工作岗位，象征着一定的身份。目前的职称评审，对人才的评估是在参评对象具备有关基本要求的前提下，主要从政治思想表现、学识水平、业务能力、工作业绩四个方面来进行综合测评的。这些年来，职称的评定工作发挥了较好的作用，但配套的评审办法还不够完善，对评审的各项指标虽然进行了量化操作，但量化的科学性值得进一步研究。职称评审中难免出现对评审标准条件生搬硬套、论资排辈、唯学历论等情况，这些做法违背了职称制度改革的初衷，既不利于完善专业技术职务聘任制度，也不符合公平竞争的原则。

（二）拥有高职称代表了高待遇

在实行专业技术职务聘任制的实际操作中，之所以专业技术人员把职称看得太重，一个重要的动因，就是职称与工资直接挂钩。目前，专业技术职务聘任后即兑现工资，而且没有任何附加条件，因此造成了专业技术职务聘任后兑现工资出现大锅饭的情形：只要职称相同，不论工作责任大小，工资相同；不论工作量大小，工资相同；不论业务能力、技术水平高低、贡献大小，工资相同。在利益的驱使下，使得一些专业技术人员不是比能力而是比待遇，导致一部分人不是在努力学习理论、刻苦钻研技术、积极开展工作上下功夫。再加上现在职称评审制度的缺陷，各种职称评审委员会只认材料不认人，结果评出来的虽然是高职称，但并不代表具有高能力，破坏了职称工作的严肃性，扰乱了职称工作的正常秩序。

（三）实际存在的专业技术职务终身制

施行专业技术职务聘任制的初衷，无论从理论上还是从实践上看，都是立足于建立富有生机的专业技术人员管理制度，破除职称终身制，但由于历史条件的限制，使得这一制度并没有真正落到实处。在一些单位中，通常是因为考虑传统观念、历史遗留问题、工资矛盾、个人感情等因素，造成论资排辈现象日益突出。当前事业单位人才流动机制尚未建立，"能上能下"的社会大环境尚未形成，致使基层单位对那些已经得到晋升而又业绩平平的人员在管理上显得无能为力。而对于后来晋升职称的人员，由于聘任职数的限制只能排队等待，严重挫伤了整个专业技术人员队伍的积极性和进取心，使得一些拥有真才实学而又锐意进取的人才很难脱颖而出。

三、以高校教师职称评定与聘任为例

高校教师职称评定和聘任制度改革关系着我国高等教育的质量和竞争力，只有在深入分析问题、正确把握现状的基础上，才能保证正确的方向。目前，我国高校教师职称评定和聘任制度存在以下问题。

（一）关系没有理顺

职称评定是聘任的基础和前提，聘任不是评定的必然结果。评上教授副教授并不能意味着必然续聘。职称作为一种资格认定，并不能与水平等同。没有职称也并不能意味着不能聘任。"蔡元培校长当年就仅凭着一篇论文将连大学学历都没有的梁漱溟聘请来北大任教。"① 职称与聘任不能绝对化。1930年底任北大校长的蒋梦麟曾这样叮嘱文、法、理三学院的院长："辞退旧人，我去做；选聘新人，你们去做。"② 西南联大时期，教职的聘任也是不固定的，收到聘书就继续任教，收不到聘书就走人。

当前，职称评定与聘任两者之间的关系没有理顺，表现在：职称评定意味着聘任，聘任等于职称的晋升。职称与聘任的上下渠道不通。

（二）标准趋向简单化

教师的首要任务是人才培养。职称评定和聘任必须围绕提高人才培养质量，根据岗位不同，将教师的教学水平、科研水平、思想水平都纳入评定的要素中。现在，教师的职称评定和聘任越来越趋向于论文数量、著作字数、科研成果级别、获奖项目多少等，最终则落实为教师个人的物质待遇和声誉。

标准的简单化，直接导致许多教材、专著越变越厚。譬如，能1万字论述完毕的，决不只写2万字。这一方面败坏了学术风气，另一方面造成了国家资源和教师时间、精力的大量浪费。另外，很多高校还规定，评博士生导师必须具备博士学位，评高级职称必须通过国家统一的英语考试等，或者每年必须出版几部专

---

① 钱理群，高远东. 中国大学的问题与改革[M]. 天津：天津人民出版社，2003：10.
② 甘阳，李猛. 中国大学改革之道[M]. 上海：上海人民出版社，2004：1.

著，发表几篇论文等等。

按此标准，9年不出1篇论文，最终解决了困扰数学界长达360余年的费马大定理的普林斯顿大学安德鲁·怀尔斯教授则应当无成果可言。因此，这些量化的硬指标，在很大程度上可以反映教师的学术能力，但是却难以准确反映教师个人的全部情况。

（三）学术评价机制不够健全

目前我国学术评价机制不够健全，除了因为标准单一之外，也与其评价程序有关。在整个过程中主观因素影响较大，主要是指评审组的专家组成、专业分布、层次、学科实力存在差异，以及名额、年龄、资历等因素的影响，评审专家对评审对象的尺度和标准把握不一，影响了评审的科学性、客观性和准确性。

对于教师的学术评价，除了要由专门的委员会来评价外，还应当加强对教师授课水平、启发学生的能力评价等，这些更能反映教师的整体能力，是学术评价不可缺少的重要因素。

第三节 事业单位职称评定与聘任的改革措施研究

一、事业单位职称评定改革

结合我国事业单位职称评定工作中存在的问题，职称评定的改进和优化应加强经济效果在职称评价中的重要性、加强对员工有针对性的培训工作、建立职称评定的多主体参与评定机制、建立职称评定的特殊人才定制化通道、建立职称评定的个人信用管理机制。

（一）加强经济效果在职称评价中的重要性

目前，我国事业单位职称评价的重点在很大程度上聚焦在知识成果的层面，例如高等院校在进行职称评定的过程中往往将科技论文的发表数量、科技奖项的数量等作为职称评定的指标，而相关技术实际应用效果的评价在职称评定中的功能尚未得到有效体现,这也在一定程度上弱化了职称评定的导向性功能。因此,在职称评价体系的设定中,应加强知识产权实际应用效果方面的评价,例如可以将知识产权交易的价值和数量、知识产权形成的新产品数量和价值等纳入职称评定体系。

(二) 加强对员工有针对性的培训工作

员工内在的培训需求是否得到重视进而得到满足会从一定程度上影响员工参与培训的积极性和培训的效果。只有在这些需求得到重视的前提下,才能提高培训的效果,实现培训对员工的激励效应。优化、整合现有的培训资源,与互动的多种形式相适应,建立复合型的、立体的人才培训开发体系。在岗位说明书中明确规定每个上级对其下属的培训与成长负有责任。加大对培训评估与反馈力度,确保培训质量。

(三) 建立职称评定的多主体参与评定机制

实践中,事业单位员工的职称评定工作往往由主管领导或者专门的人力资源部门负责制定评定的组织和实施工作,评审专家的来源相对单一,也导致了评价结果缺乏全面性。职称评定的多主体参与评定机制是提高职称评定结果公允性的有效途径,通过多主体的共同参与,能够实现评价准则体系的多元化,特别是提高制定评价体系的全面性。实施中,可以依托利益相关者关系建立职称评定的多主体参与评定机制。

(四) 建立职称评定的特殊人才定制化通道

近年来,为了匹配创新型国家建设的总体战略,我国通过创造优良的创新和创业环境吸引海外优秀科研领军人才和科研团队归国创业。这些高层次归国人才主要在高校和科研机构进行研究和工作,相应地,职称评定体系也应该结合高层次归国人才的特征建立特殊人才定制化通道,例如在面向高层次归国人才进行职称评定的过程中,应打破传统的职称评定中的年龄、工作年限等条件限制,特别是针对高层次归国人才应降低职称评定的年龄要求。

（五）建立职称评定的个人信用管理机制

职称评定的结果与个人职级以及个人的收入等密切相关，因此，在实践过程中不乏存在职称评定主体弄虚作假的情形，这种为了达到职称晋升的目标而弄虚作假的行为破坏了职称评定工作的公平性。为了规避职称评定主体弄虚作假的情形，可以建立职称评定的个人信用管理机制，例如建立职称评定失信机制，建立失信黑名单，提高失信行为的机会主义行为成本。

二、事业单位职称聘任制度改革措施

（一）优化人力资源配置

要根据单位内部机构的设置情况，按照专业技术人员结构比例，在定编定员的基础上，结合专业技术工作特点和任务要求，按职务级别和专业不同，建立科学的专业技术人员分布结构，因事设岗，精简高效，做到职责清楚，权利明确。岗位职责要求制定后，在实际施行过程中，要根据该岗位管理任务的大小、难易程度进行适时修订，对专业技术人员的岗位聘用采取动态化管理，使技术岗位数量和岗位管理质量符合单位管理任务的要求。

（二）职称聘任实行岗位竞争

对于拥有相应职称资格的技术人员，只是具备参加竞争上岗的基本条件，在岗位一定的情况下，拥有同样资格的专业人员会自然而然地形成竞争的风气。单位实施竞争上岗时，每个岗位的条件、标准必须是公开透明的，专业技术人员在公平、公开的条件下竞争，无论上与下都容易接受结果。对于暂不具备某一级专业技术任职资格的专业技术人员，可以根据自身所具条件、本单位现有的岗位职数和本单位人才队伍状况来确定自己的努力方向，从而自觉地努力学习、刻苦钻研，为未来的竞争积极创造条件。由于所有岗位实施竞争上岗后，无真才实学很难竞争上岗，从而使每一个专业技术人员都将注意力从单纯地追求经济利益转移到如何提高自身综合素质上来。

(三) 完善专业技术职务聘后管理制度

建立按需设岗、按岗聘任、以岗定薪、签订聘约、优胜劣汰的职称聘任制度，严格实行聘约管理。单位可根据岗位需要聘任上岗人员，受聘上岗的专业技术人员与单位行政领导签订有关责任、权利、义务的聘任合同，使专业技术职务管理契约化、合同化，同时根据签订的协议内容对专业技术人员进行定期考核。这样，可以充分体现以岗位需求为核心，择优录用；可以促进职称聘任工作实现制度化、科学化和规范化，使责任双方在明确的行为准则约束下，共同履行聘约，实现专业技术队伍的精干高效；受聘的专业技术人员在规定的聘约期满时，其技术职务自动解除，若希望再次受聘时，可与其他具有相同资格条件的专业技术人员一起重新竞争，使其积极性与主观能动性得到最大限度的发挥，可以形成真正意义上"能者上，平者让，庸者下"的竞争格局。

(四) 加强培训，不断提高专业技术人员队伍素质

为满足单位发展对各类人才的要求，要根据目前专业技术人员队伍的现状和环境条件，切实加强专业技术人员继续教育工作，盘活现有人才的存量资源，走内涵式开发的路子。培训内容要突出重点和薄弱环节，要适应时代发展和岗位需求，每年定期安排技术人员参加轮训，可重点加强时事政策、职业道德、岗位专业技能、计算机技术应用、外语等科学文化知识的学习，在搞好对所有专业技术人员一般性培训的同时，可侧重对技术骨干和有潜质人才的培训，为单位开发人才、储备人才，以适应经济社会发展对人才的需求。培训方式要灵活多样，集中与分散相结合，走出去与请进来相结合，离职与在职相结合。通过培训，实现优化结构、提高素质、强化功能的目的，造就一支拿得出、打得响的过硬专业技术人员队伍。

三、高校教师职称评定与聘任改革

(一) 职称评定和聘任制度改革应当坚持的原则

职称评定和聘任制度改革应当以提高教育质量为最终目标，在公开、公平的

基础上，增强职称评定和聘任的导向性，使职称评定和聘任真正成为广大教师潜心教学科研一线，提高教育质量的内在动力。

1. 以人为本，更新观念

在人才竞争加剧的形势下，观念的改革显得更加重要。职称评定和聘任中的"人本"意识，就是"以教师为本"，调动教师的积极性，切实维护教师的权益，为他们创造良好的工作、生活环境，鼓励他们为提高教育质量尽心尽责。

随着国际、校际间教育和学术交流的日趋频繁，职称评定和聘任制度改革应当树立面向世界的全球意识、面向国家的责任意识和面向未来的创新意识，不断汲取新思想、新观念，借鉴国内外已有的成功经验，加强与参与国内外其他高校、科研机构、企业之间的合作，鼓励教师互访、合作攻关、参与国际（校际）学术活动等，使职称评定与聘任发挥更大的效果。

2. 注重实绩，把握核心

梅贻奇曾指出："办大学，应有两个目的：一是研究学术，二是造就人才。"[①] 这些都离不开教师。因此，教师不仅是高校的主体，也是高校职称评定和聘任的主体。教师的岗位又有教学、管理、科研等的区分，好的职称评定和聘任制度也要根据需要设置岗位，把所有教师都纳入这一改革中来，制定详细的职称评定与聘任标准，重视教师的工作实绩，牢固树立以教学为核心、为教学服务的意识。开展"名师课堂""教学竞赛""优秀教案""优秀教师""优秀干部"等活动，为教师职称评定和聘任制度创造良好的环境。高校要积极为教师创造条件，为教师提高自身教学科研能力、学术水平开辟新的途径和渠道，对于行政、后勤岗位，应当确立以服务教学、服务教师、服务学生为中心的思想，确定工作的实绩。发挥职称评定和聘任制度在提高教师队伍整体素质方面的导向作用，建立合理的教师学术、教学梯队，始终牢牢把握提高教育质量这一核心。

3. 结合实际、开放灵活

职称评定和聘任制度与人事制度联系在一起，因此，教师职称评定和聘任制度的改革必须与人事制度改革相结合。一所高校，建立什么样的职称评定和聘任

---

① 吴德刚. 西部教育[M]. 北京：中共中央党校出版社，2001：1.

制度模式，应当适应本国和本校自身的实际，顺应国家和社会的发展趋势。

在西方，固定的大学教席是大学发展九百多年来的一个重要的经验和成果。与此同样重要的是，大学的教席是对全国乃至全世界开放的。我国的教师职称评定和聘任制度也非一成不变。不管采用何种聘任模式，其目标就是严格要求，保持水准，从根本上建立起大学教师的流动机制。促进大学之间人才、知识和经验等方面的交流。对参与职称评定和聘任制度的教师，不能要求他们都达到同一个标准，关键是让每一位教师在参与职称评定和聘任的过程中在原有基础上取得进步和提高。

目前我国高等教育发展严重不平衡，不同地区、不同高校、不同专业之间情况有很大不同，必须针对不同实际，建立灵活、开放的职称评定和聘任模式，使职称评定和聘任制度真正成为一种激励机制，真正成为教师提高自身水平的内在动力。

4. 科学评价、完善机制

目前各个高校推出的职称评定与聘任改革方案归结到一点，在于真正建立科学完善的学术评价体系，这是方案实施的基础，也是难点，在当前显得尤其迫切和重要。

传统的职称评定和聘任制度往往是以固定的和单一的标准来衡量一个人的能力，但却忽视了对真正具有开创性和基础性的研究。对于教师个体而言，由于职业道德、敬业精神、性格、能力等方面存在着很大的差异，科学准确地对教师进行评价不是一件容易的事情。在科学成果应用速度日益加快的今天，许多基础性研究的成果是无法由学术之外的市场来评判的。

随着我国高等教育改革的深入，职称评定和聘任制度也在不断完善，包括学历、资历、教学水平、完成工作量、科研、道德等各个方面，考核能力包括语言表达能力、教学能力、理论研究和推理能力、社会协调能力、实践能力等。

因此，全面、客观、科学地对教师的水平和能力进行评价，推动职称评定和聘任工作的科学化，是今后职称评定和聘任制度改革的方向之一。

(二) 职称评定和聘任制度改革应注意的问题

1. 改革目标的定位要准确

由于历史和现实原因等，我国高等教育发展极不平衡，地区之间、同一地区内部情况差别很大。高校教师职称评定和聘任制度的改革必须立足本地区、本校的实际，决不能忽视和超越这一实际，明确自身定位，确定适合自身实际的改革措施。

明确定位，就是找准自己学校在整个国家与民族，以至世界教育格局中所处的地位。根据自己学校的类型、所处的地区和担负的任务，明确职称评定和聘任制度改革的方向，决不能搞一刀切。这是教师职称评定和聘任制度改革的前提。否则，任何职称评定和聘任制度的改革最终都将毫无意义。

时下很多高校一说职称评定与聘任改革，都必与建设国际一流大学挂钩，这是一种认识上的偏差。一所高校，不单有自己的硬条件，更重要的是，高校本身所承载的文化内涵、知识内涵，包括精神内涵。这里面很多体现在教师队伍的学术传统和治学态度里。这正是目前很多高校在改革中所忽视的。

不同层次、不同类型的高校教师队伍各有所专、各有所长。这就要求，在职称评定和聘任制度上应当符合自身的实际，具备任职的基本标准和条件就可以了，如学术水平、教学能力、敬业精神等，重视教师的教学能力和自身师德。在学历上，不要求一定要有博士、硕士学位等，许多人受到自身社会条件、家庭条件、个人原因等影响，并不一定能顺利完成高学历的教育。科研上，职称评定和聘任制度要更加注重协同攻关能力和协调能力，具备开阔的学术视野、丰富的学术思想等。

我国是一个教育发展极不平衡的国家，比如，由于西部地区的环境、条件限制，高校人才总体上还在流失。在这种情况下，西部地区高校更有义务把自身的发展与地区实际结合起来，通过职称评定和聘任制度改革吸引有识之才，特别是吸引有培养潜力的优秀年轻教师，发挥自主性，提高职称评定和聘任制度的激励作用。

不同层次、不同类型的高校可以根据本地区实际，包括学科建设、专业分布、师资力量等，制定不同的评定和聘任标准，调动教师的积极性和创造性，使职称评定和聘任制度真正成为提高教学能力、科研能力和管理水平，吸引人才、使用人才的重要政策屏障。

2. 改革目的在于激活人才流动，决不等于解除聘任终身制度

很多高校推出的或正在酝酿的教师职称评定和聘任制度改革方案，似乎都把解除教师聘任终身制度作为一个重大举措，好像只要解除了教师的聘任终身制，教育改革就完成了一大半。其实，教育领域的改革不应等同于社会其他方面的改革，因为这不仅关系到高校的发展，更关系到整个国家高等教育的质量，关系到国家的总体竞争力。因为教育的产品是人才，属于国家的基础工程，不能要求教育的投入和产出必须成一定的比例。教师也不能等同于企业的工人，必须享有其他社会单位所不能比的职业保障。教师队伍的淘汰不能采用一种硬性的规定，而要从严格入口做起，加强教师教学过程中的督导和评议，最终促进教师队伍的流动，从而提高教师的水平和素质。在当前形势下，更要严格教师的师德修养和学术修养，倡导健康向上的学术气氛。

不论是采用合同制还是其他聘任制，其根本目的在于推进教师的横向流动，提高教育质量，而不是制造学术新闻。至于有些教授的水平差，这并不能说是教师终身制度造成的，主要的还在于中间的监督评议过程不够有效。

因此，职称评定和聘任制度改革绝不能等同于打破聘用终身制，更多的是建立一种有效的激励制度，改变长期以来高校职称评定和聘任制度固定的程序化运作，增强活力和灵活性，使职称评定和聘任制度真正起到发现人才、留住人才、吸引人才的作用，建立人才的流动机制，最终实现人才的良性流动。

3. 学术水平不等于论文数量

高校是人才培养的场所，教师的第一职责就是教好书、育好人。很多单位把评价教师的标准进行量化，将发表了多少篇论文，获得多少、什么级别的学术奖，专著字数等作为职称评定和聘任的重要条件，从而限制了很多教学一线优秀教师的晋升。其实，教师的学术水平，除了这些硬性的杠杆外，一个很重要的方面就是其课堂的授课水平，与学生沟通的能力，启发和引导学生的能力。很多高校出现不上课的教授，虽然由于种种主客观原因，但长此以往，其授课水平肯定受影响。这一问题已经引起了国家的重视。哈佛大学最有名的教授都要给一年级

的本科生至少开一门课,让他们能够亲眼见到这些全美国乃至全世界赫赫有名的学术泰斗,领略他们的学术风范,见识他们的韬略雄才。有的教师从事某项研究往往需要数年甚至更长,一些基础研究项目出成果也耗时较长。如果仅仅以论文数量或者专著字数来评价,则对于这些教师和专业是不公正的。因此,必须革除这种不良倾向,真正找到一个科学公正的学术评价标准,为一切符合条件和资格的教师的职称评定与聘任创造合理和公平的机会。

4. 改革先要有正确的观念作引导

所谓要有正确的观念,就在于改革措施的制定者要首先弄清,为什么要改革,改什么,什么标准、怎么改,要达到什么目标等等这些基本概念。而且对于这些概念要有透彻的成熟的理解,有正确的先进的改革理念作指导。

在我国法制日益健全的今天,对于高校的重大改革都有法可依,因此,首先要弄清改革的方向、目标、方法和手段,在遵循法律的基础上,还要发扬民主,在学习国外好的做法的基础上,也要坚持自己的好的传统,任何一种走极端、走捷径的思想都是不可取的,也是有害的。

如何设置职称评定与聘任的条件,蔡元培先生1919年9月20日在北大第22学年开学典礼上这样说:"延聘教员,不但是求有学问的,还要求于学问上很有研究兴趣,并能引起学生的研究兴趣的。"他提出的聘任教师的条件就是:学有专长;献身学术研究的兴趣;善于引导学生的能力。其他条件都只是评定和聘任的参考。决不能把学历包括国外的国内的博士、博士后等作为一种硬性条件。还有,对于教师来说,不单是"传道、授业、解惑也",更要有良好的职业和个人道德修养真正,做到"为人师表"。

对于一所大学而言,教师是第一位的,不论是研究学术,还是造就人才,都仰赖于杰出的教师。职称评定和聘任制度改革应当以教师为出发点,积极探索新途径和新方法,真正使职称评定和聘任制度改革成为教师提高自身水平和教育质量的催化剂和加速器。

第八章 事业单位人事管理实践与信息化建设

第一节 教育事业单位人事管理

一、教育事业单位人事管理概述

（一）教育事业单位人事管理的内涵与发展

教育事业单位，是指各级政府利用国有资产设立的，从事教育、科研、文化、卫生等活动的社会服务组织。它们承担着培养人才、传承文化、服务社会的重要职责，是我国社会发展的重要组成部分。根据功能和服务对象的不同，教育事业单位可以分为高等教育机构、中小学、职业教育机构以及特殊教育机构等。

在教育事业单位中，人事管理更是关乎到教育质量和教育事业发展的关键环节。

回顾历史，教育事业单位的人事管理经历了从计划经济时代的统一管理，到市场经济时代的逐步放权与改革的过程。随着国家对教育事业单位管理体制的不断调整和完善，人事管理也逐步实现了从"身份管理"向"岗位管理"的转变，更加注重人才的选拔、培养和激励，以适应教育事业快速发展的需求。

（二）教育事业单位人事管理的特点

首先，教育事业单位的人事管理具有鲜明的政策性与法规性。国家对于教育事业单位的人事管理制定了一系列法律法规和政策文件，为人事管理提供了明确的指导和规范。教育事业单位在进行人事管理时，必须严格遵守相关法律法规和政策要求，确保人事工作的合法性和规范性。

其次，教育事业单位的人事管理强调专业化与知识化。由于教育事业单位承担着培养人才、传承文化的重任，因此对人才的专业素质和知识水平要求较高。人事管理需要针对教育事业单位的特点，制定专业化的人才选拔、培养和评价机制，确保教育事业单位拥有一支高素质、专业化的教职工队伍。

再者，教育事业单位的人事管理具有一定的稳定性与流动性。一方面，教育事业单位作为社会服务组织，需要保持一定的稳定性，以维护教育教学的连续性和稳定性；另一方面，随着教育事业的发展和教育改革的深入，教育事业单位的人事管理也需要适应时代的变化，保持一定的流动性，以促进人才的合理流动和优化配置。

最后，教育事业单位的人事管理注重绩效导向与激励机制。通过建立科学的绩效考核体系，对教职工的工作绩效进行客观评价，并根据评价结果实施相应的奖惩措施，以激发教职工的工作积极性和创造力。同时，通过完善薪酬福利制度、提供职业发展机会等方式，吸引和留住优秀人才，为教育事业的持续发展提供有力的人才保障。

二、教育事业单位人事管理存在的问题

在实际工作中，事业单位人事管理仍存在诸多问题亟待解决。

首先，管理制度不完善。尽管我国已经出台了一系列与人事管理相关的法律法规和政策文件，但在实际操作中仍存在制度执行不到位、管理程序不规范等问题。例如，招聘流程不够透明公开，岗位设置和职责划分不够明确，导致人事管理决策的主观性和随意性较大，影响了人事管理的公正性和有效性。

其次，人才结构不合理。目前，一些教育事业单位存在人员老龄化、知识结构陈旧等问题，缺乏具备创新能力和实践经验的中青年骨干。同时，部分单位在人才引进方面过于注重学历和职称等硬性指标，忽视了实际工作能力和综合素质的考察，导致引进的人才与实际需求不匹配，难以充分发挥其潜力。

再者，培训与发展机会不足。教育事业单位作为培养人才的摇篮，本应注重教职工的专业成长和职业发展。然而，在实际工作中，由于培训资源有限、培训机制不健全等原因，许多教职工难以获得必要的培训和发展机会，导致他们的知识结构和技能水平难以适应教育事业发展的需求。

此外，激励机制不健全。虽然许多单位已经建立了绩效考核和薪酬福利制度，但在实际操作中仍存在评价标准模糊、激励措施单一等问题。这使得教职工的工作积极性和创造力难以得到有效激发，也影响了教育事业单位的整体绩效。

最后，人才流失与引进困难。由于一些单位在工作环境、薪酬待遇、职业发展等方面存在不足，导致优秀人才流失严重。同时，随着人才市场竞争的日益激烈，教育事业单位在引进高层次人才方面也面临着越来越大的困难。

三、教育事业单位人事管理的完善对策

在教育事业单位人事管理工作中，针对上述存在的问题，需要采取一系列对策来完善管理制度，优化人才结构，加强员工培训与发展，完善激励机制，并推进人事管理信息化建设。

（一）建立健全人事管理制度体系

建立健全人事管理制度体系是完善教育事业单位人事管理的基础。这包括从招聘与选拔机制、岗位设置与职责划分，到绩效考核与评价体系的全面优化。

1. 完善招聘与选拔机制

应建立公开、公平、公正的招聘与选拔机制，确保招聘过程的透明度和规范性。具体而言，可以通过拓宽招聘渠道、制定明确的招聘标准、采用科学的选拔方法等方式，吸引更多优秀人才加入教育事业单位。同时，建立严格的招聘监督机制，防止招聘过程中的不正之风。

2. 优化岗位设置与职责划分

应根据教育事业单位的发展需要，科学设置岗位，明确各岗位的职责和权限。通过优化岗位设置，实现人力资源的合理配置，提高工作效率。同时，建立完善的岗位说明书制度，使教职工明确自己的职责和任务，便于管理和考核。

3. 加强绩效考核与评价体系

应建立科学、合理的绩效考核与评价体系，对教职工的工作绩效进行全面、客观的评价。通过设定明确的考核标准、采用多元化的考核方法、实施定期考核与反馈等方式，激发教职工的工作积极性和创造力。同时，将考核结果与奖惩机

制相结合，实现优绩优酬，激发教职工的潜能。

(三) 优化人才结构与配置

优化人才结构与配置是提升教育事业单位整体绩效的关键。这要求我们在引进、培养和使用人才方面下足功夫。

1. 加强高层次人才引进与培养

应制订高层次人才引进计划，通过提供优厚的待遇和良好的工作环境，吸引国内外优秀人才加入教育事业单位。同时，建立完善的培养机制，为高层次人才提供广阔的发展空间和职业晋升机会，使他们能够充分发挥自己的才能和潜力。

2. 促进人才内部流动与交流

应建立灵活的人才流动机制，鼓励教职工在教育事业单位内部进行交流和轮岗。通过内部流动，可以促进教职工之间的经验分享和知识传递，提升整个团队的工作效能。同时，也有助于发现和培养具有潜力的教职工，为教育事业单位的持续发展储备人才。

3. 建立人才梯队与储备机制

应重视人才梯队的建设，通过选拔和培养一批具有潜力的中青年教职工，为教育事业单位的未来发展储备人才。同时，建立人才储备库，对各类人才进行分类管理，确保在需要时能够迅速找到合适的人选。

(三) 加强员工培训与发展

员工培训与发展是提升教职工综合素质和职业能力的重要途径。我们应制订科学的培训规划，创新培训形式与内容，为教职工提供多样化的职业发展通道。

1. 制订员工培训规划与实施计划

应根据教职工的实际需求和职业发展目标，制订系统的培训规划与实施计划。通过定期举办培训班、研讨会等活动，提升教职工的专业知识和技能水平。同时，建立培训考核机制，确保培训效果达到预期目标。

2. 创新培训形式与内容

应积极探索新的培训形式和内容，以适应教育事业发展的需求。例如，可以采用线上线下相结合的培训方式，利用现代信息技术手段提高培训效率和质量。在培训内容方面，应注重实用性和前瞻性，关注新理论、新技术和新方法的学习和应用。

3. 建立员工职业发展通道

应为教职工建立清晰的职业发展通道，明确晋升条件和路径。通过设立不同层级的岗位和职称，激励教职工不断提升自己的能力和水平。同时，建立职业导师制度，为教职工提供个性化的职业规划和指导。

（四）完善激励机制与福利待遇

完善激励机制与福利待遇是激发教职工工作积极性和创造力的重要手段。我们应建立多元化的薪酬体系，实施精神激励与荣誉表彰，改善工作环境与生活条件。

1. 建立多元化的薪酬体系

应根据教职工的工作绩效、能力水平等因素，建立多元化的薪酬体系。通过设定合理的工资水平、设立奖金和津贴等福利制度，使教职工的收入与工作贡献相匹配。同时，建立动态调整机制，根据市场变化和单位发展情况适时调整薪酬水平。

2. 实施精神激励与荣誉表彰

应注重精神激励在教职工管理中的作用，通过表彰先进、树立典型等方式，激发教职工的荣誉感和归属感。同时，建立完善的荣誉表彰制度，对在工作中取得突出成绩的教职工给予相应的荣誉和奖励。

3. 改善工作环境与生活条件

应关注教职工的工作环境和生活条件，努力为他们创造舒适、安全、健康的工作环境。通过改善办公设施、提供必要的休息和娱乐设施等方式，提高教职工的工作满意度和幸福感。

（五）加强人事管理信息化建设

加强人事管理信息化建设是提升教育事业单位人事管理效能的必由之路。通过利用现代信息技术，可以实现人事管理流程的自动化、数据化，从而提高工作效率，降低管理成本，为教育事业单位的持续发展提供有力支持。

1. 建立人事管理信息系统

建立功能完善的人事管理信息系统是加强信息化建设的基础。该系统应涵盖教职工的基本信息、学历经历、职称职务、工作表现、薪酬福利等多个方面，实现信息的全面整合和动态更新。通过系统，管理人员可以迅速获取所需信息，进行数据分析，为决策提供科学依据。

2. 实现数据共享与动态管理

在建立人事管理信息系统的同时，应注重数据共享与动态管理。通过与其他相关系统的互联互通，实现数据资源的共享，避免信息孤岛现象。同时，建立动态管理机制，对教职工的变动情况进行实时监控和更新，确保数据的准确性和时效性。

3. 提升人事管理效率与水平

通过人事管理信息化建设，可以优化管理流程，简化操作步骤，提高工作效率。例如，利用信息系统进行在线招聘、在线培训、在线考核等操作，可以节省大量时间和精力。同时，信息化手段还可以帮助管理人员更加全面、深入地了解教职工的情况，为制定更加科学、合理的人事政策提供依据。

在推进人事管理信息化建设的过程中，还需要注意以下几点：

一是要注重信息安全与保密。人事信息涉及教职工的个人隐私和单位的敏感信息，因此在信息化建设中必须严格遵守相关法律法规，确保信息的安全与保密。

二是要加强培训与指导。信息化建设不仅需要技术支持，还需要教职工的积极配合和参与。因此，应加强对教职工的信息化培训，提高他们的信息素养和操作能力。

三是要持续优化与更新。信息化建设是一个持续的过程，需要不断进行优化和更新。应根据实际需求和技术发展趋势，及时对人事管理信息系统进行升级和改进，以适应教育事业单位的发展需要。

第二节 科研事业单位人事管理

科研事业单位是国家创新体系的重要组成部分，为科技创新提供科技资源支撑和科技服务，促进我国科技进步。随着时代发展，科研事业单位运行机制日益完善，对人事管理工作也提出了新目标、新要求。本节根据科研事业单位的特点，结合工作实践，探讨其人事管理工作中存在的问题，并提出针对性的对策，充分发挥人事管理在单位整体运转中的重要作用，从而进一步优化事业单位内部管理，促进科技事业发展。

一、科研事业单位人事管理中存在的问题

（一）人事管理观念有待转变

长期以来，科研事业单位人事管理注重于传统人事工作。人事管理工作内容包含员工招录、竞聘、委派、工资绩效发放和人事档案管理等，传统人事管理侧重于事务性工作，没有形成合理的人才开发管理机制，系统化观念还未形成。科研事业单位人事管理如局限于常规性人事工作，而忽视人才开发、培养、交流及人事管理，容易形成人才瓶颈，不利于事业单位整体稳步发展，难以适应科技创新事业发展的新要求。

（二）人事管理机制有待完善

部分事业单位没有实施具有针对性的奖励评价机制，工作绩效和实际薪资未能很好匹配，导致部分员工工作积极性和工作效率不高。事业单位人事制度改革从宏观层面上为完善激励和约束机制，激发人才活力提供了指导意见。科研单位人事制度改革需结合科研单位的特点，尊重科研规律，激发科研人员科研和科技成果转化的积极性。岗位职称评定、绩效制度与员工利益息息相关，近年来随着职称评审制度的改革，出台了系列改革完善政策，但唯论文、论资排辈现象不同程度上存在。

（三）人才配置有待优化

合理的人才配置是高质量发展的关键，要把人才优势转化为高质量发展的动力。目前，科研事业单位人事管理中人才配置有待优化。要树立人才资源是第一资源的理念，整体推动人才选拔与成长通道建设。明确各岗位职能要求，以人为本，因人制宜，重视岗位和人才的适配性，提升人才资源的利用率。人事管理中对岗位职能要求若不明晰，面对部门繁杂的业务种类，难以实现各岗位的绩效目标。无论是业务部门还是管理部门，都关系单位的整体运转，两者都需要适配性的人才做支撑，要做到人尽其才。一方面，将优质人才配置到重点业务部门，有利于业务高质量发展和部门整体创新能力的提高，满足竞争日益激烈的市场发展需求。另一方面，将善于管理的人才配置引进到单位管理部门，可以有效整合资源，发挥管理部门统筹协调的功能，促进单位业务的发展。科研事业单位科研工作任务重，日常行政事务繁杂，需要做好统筹兼顾。通过完善人事管理，让专技人员专心从事岗位专业技术工作，管理及服务岗位围绕单位任务目标在履行管理职能中提供好服务。

（四）人事管理培训有待加强

培训是加强科研事业单位人事管理和转变自身职能的一种重要途径，也是提升科研事业单位人事管理水平和综合服务能力的重要渠道。需建立健全完善的人事管理机制，充分认识到完善的人事管理机制对工作人员能力提升的重要性。培训是人事管理中的重要环节，知识信息时代知识更新快，需要通过系统培训丰富员工的知识结构，提升其工作技能。科研事业单位现有培训较为碎片化，形式上较为松散，需要形成系统化的知识体系，内容上理论与实践相结合。同时，需注重人事管理培训的实效性，培训体系及内容与单位发展战略相匹配。

二、完善科研事业单位人事管理的对策

（一）转变人事管理观念

科研事业单位人事管理观念的转变有助于科技创新事业的发展，科研事业单

位人事管理工作长期着眼于传统事务性工作，需加强建设人才开发管理机制。人事管理观念需由管理人才转变为人才开发，由人员配置、生产服务转变为战略规划、方针部署服务，由以事为中心转变为以人为中心；重点聚焦人才培养模式和岗位评级，打破传统人事管理模式，进一步推动科研事业单位人事管理制度改革，促进科研事业单位人才队伍建设，将科研事业单位人事管理观念转变融入单位发展战略，促进科技创新事业的发展。

（二）完善人事管理机制

针对传统人事管理模式，结合科研单位特点，提高事业单位管理效率，进一步强化制度建设，同时贯彻创新型人事管理思想，将奖励评价机制与实际薪资进行有效融合。科研事业单位人事管理部门结合自身实际情况与发展目标，减轻科研人员琐碎事务负担，为科研人员晋升通道创造有利条件，引导和鼓励合适的人才揭榜挂帅，激发科研人员的潜能，提升科研人员的积极性，增强科研人员的归属感。加强人才储备，培养更多应用型、创新型、技能型人才，推动科研事业单位科技成果转化。通过管理部门年度考核情况，合理制定评定等级，完善奖惩评价机制，对考核绩效不达标员工实行岗位轮换制。科研事业单位管理层加强人才战略制定，重视人事管理工作，加强科技人才培养。

（三）优化人才配置结构

提升科研事业单位人事管理工作效率的关键在于，解决专业人才配置，优化人员岗位结构，明确岗位职能要求，增强科研人员与岗位的适配性。同时，落实德才兼备的人才招聘理念，有效保障重点业务部门高质量发展，坚持培养部门内部培养和外部引进相结合，提高部门创新能力，满足竞争日益激烈的市场发展需求。实施"外引内培"能在一定程度上解决人才配置不优的问题，"外引"即针对急需岗位引进优质专业人才，同时实施内部职工技能大提升工程，针对不同岗位人员开展有计划、有针对性的业务学习和专技培训，着力构建合理的专业人才梯队。结合科研事业单位的实际发展需要、岗位需求、人岗匹配度进行统筹安排，业务部门专技人员专心从事岗位专技工作，协助配合管理部门人员完成科研任务规章流程，管理部门应发挥统筹协调功能，主动承担业务部门科研流程及繁杂事项，为科研事业单位提供良好的科研环境，围绕单位任务目标在履行管理职能中提供好服务。人事管理部门积极学习和借鉴先进企事业单位的经验，优化完善本单位系统化、常态化的人才培养和开发机制，要善于发现和培养内部人才，注重人才的长效发展，建立单位自身的内生式人才选拔及培养机制。

（四）加强教育学习培训

加强科研事业单位科研人员的教育学习培训，推动科研事业单位专业人才队伍建设。可有针对性地开展科研人员培训教育工作，每年每月根据单位各部门业务开展需求，制定培训方案，拟定培训主题和目标，借助每月主题党日活动，加强对党员、积极分子的教育学习培训，党员同志充分发挥先锋模范作用。对新入职的员工，进行单位文化培训、人事管理培训、专业技能培训、单位规章制度培训，帮助新员工熟悉单位流程，提升单位整体素质，完善单位人事管理机制。培训形式上由专家讲座和网络培训相结合，将碎片化式的培训形成系统化的知识体系，理论与实际相结合，增强学习意识，提升自我修养。提升事业单位科研人员参加教育学习培训的积极性，转变思维观念，引导员工和单位共同发展、共同进步。同时，鼓励科研人员积极参加职业技能教育和职称继续教育等培训，提高科研人员综合素质。通过请进来、走出去的方式，拓宽教育培养渠道，向优秀兄弟单位和企业学习先进的经验做法，积极探索新的学习教育理念。

第三节　文化事业单位人事管理

一、文化事业单位概述

文化事业单位广义上可以指在文化领域从事研究创作、精神产品生产和文化公共服务的组织机构。它是2003年国家开始文化体制改革并区分出文化事业和文化产业两大部分的产物，主要类别有：演出事业单位、艺术创作事业单位、图书文献事业单位，文物事业单位等。然而，根据我国进一步加深事业单位改革的要求，对承担行政职能的，逐步将其行政职能划归行政机构或转为行政机构；对从事生产经营活动的，逐步将其转为企业；对从事公益服务的，继续将其保留在事业单位序列、强化其公益属性。所以，本节所指的文化事业单位主要是第三种。因此，从这个意义上讲文化事业单位是指以非营利性为目的，为全社会提供非竞争性、非排他性的公共文化产品和服务的组织机构，具有非营利性、服务性、基本性、均等性和便利性的特征。文化事业单位的发展以政府为主导，它属于公共服务体系中的一个环节，可以增加社会福利，能够促进精神文明建设，提升我国综合实力，是实现文化强国的重要组成部分。

二、文化事业单位人事制度与机制

文化事业对于人才的要求是高标准的，它要求所在人员对于知识体系要不断地更新，对事态发展具有敏锐的洞察力以及文化传播的掌控力。工作人员不仅需要专业的职业素养，更需要与他人的沟通和协作，高尚的人格和良好的职业操守。然而，新时期的竞争是人才的竞争，文化事业单位虽然不参与市场竞争，但人力资源市场的人才竞争是无法避免的。文化事业单位要想真正起到推动社会进步，普及全民审美教育，提高全民文化素养，培养尊重和保护历史文化等作用，就需要在人才的建设和培养上下功夫。要建立一套能够吸引人才，留住人才的人事管理制度。经过多年对传统人事制度的改革，我国目前在文化事业单位的人事制度的建设上已有不少成绩。具体来看有以下几个方面：

（一）新型人事管理制度模式初步建立

由于传统干部人事制度被分解，文化事业单位人事制度也从过去的框架体系中剥离出来。目前公开招聘制度在全国各级各类事业单位基本已实现了"全覆盖"，各省市已大力落实开展政事职责分开、单位自主用人、人员自主择业、政府依法管理、配套措施完善的分类管理体制。再者，岗位设置方面已将文化事业单位人员分成管理岗位、专业技术岗位和工勤技术岗位，并规定三类岗位的基本任职条件和要求，改变用管理党政机关工作人员的办法管理事业单位人员的做法，不再按行政级别确定事业单位人员的待遇。此外，在事业单位职权方面，扩大了事业单位的人事、财务管理自主权，引入竞争激励机制、绩效考评机制。

(二) 人事管理相关运转机制初步完成

在人员聘用方面，2006年执行的《事业单位公开招聘人员暂行规定》，对事业单位人员的招聘范围、条件及程序，招聘计划信息发布，资格审查，考试与考核，纪律与监督等方面已作出了明确规定。

在工资收入方面，文化事业单位执行国家统一的工资制度。工作人员工资由岗位工资、薪级工资、绩效工资和津贴补贴组成。岗位工资、薪级工资执行国家统一的政策和标准。事业单位在核定的绩效工资总量内，按照规定的程序和要求进行分配。工作人员按照国家规定享受艰苦边远地区津贴和特殊岗位津贴补贴。

在福利保障方面，根据2009年下发的《事业单位养老保险制度改革方案》，将事业单位养老保险下调至与企业一致，为进一步深化改革打下基础。并在山西、上海、浙江、广东、重庆等5省市先期开展试点。

三、文化事业单位人事管理存在的问题

(一) 思维观念定位不清，传统制度转变不到位

文化体制改革与事业单位改革现在正在齐头并进的开展，作为文化事业单位无疑是这两个改革的交叉点也是重点。经过多次的改革，文化事业单位通过分离改制、整体转制企业、股份制改造，大量的文艺团体、出版社、影视机构被推向市场，而这些单位人事管理制度也顺理成章地转型为现代企业的人事管理制度。但是，还有一部分国家扶持的少数文化艺术团体、图书馆、美术馆、博物馆、文化站等单位仍保持原有的性质。这些被保留下来的文化事业单位，在人事管理中过去传统干部管理制度影响仍然存在，行政级别仍然存在，单位中的重要领导岗位大多依然由上级主管部门派遣和任命。

(二) 聘任制的用人制度不完善

目前人员聘任制已经被文化事业单位普遍采用，它是整个人事制度改革的中心，目的在于打破过去僵化的用人制度，而采用一种公平、透明、灵活、竞争式的制度来代替，但在实际操作过程中依然存在大量的不公开透明、萝卜式招聘、

乱塞人安排人等现象。而聘任合同的签订、续签、解聘等也是流于形式，缺乏完整考核、监督、管理制度。此外，与聘任制相衔接的相关法律、政策不完备。在发生人事关系的履行、聘用、辞职、辞退等合同争议时如何解决，因保险、福利、工资待遇等分歧造成的争议又该怎样处理，并没有统一的、高层次的法律作出具体要求；同时由于文化事业单位身份的原因在处理合同纠纷时行政和司法之间的关系也没有理清。

（三）缺少吸引与留住人才的管理制度

文化事业单位是知识密集性组织，它的发展需要大量的高素质专业人才作为基石。但现实中很多的文化事业单位的工作人员却没有"文化"，也导致了公众形成"文化馆没文化""图书馆没图书""博物馆不懂文博"这样的不良印象。这都与缺少吸引人才、留住人才的制度有关。作为一个组织晋升制度、培训制度、绩效考核制度都能起到管理推进剂的作用，但很多单位晋升制度僵化，对员工的培养不重视，考核指标随意、缺乏科学性，这些都不利于新时期对人才的竞争和发展。

（四）其他问题

在岗位设置上对专业技术人员、工勤人员、管理人员三类人员区分不清，从而导致在比例上不合理。专业技术人员本应该是文化事业单位的核心，人数应该最多，但很多单位反而成为管理人员比例占大多数，成了多数人管理少数人。另外，在福利制度上，虽然改革方向上已确定要打破社会保障的"双轨制"，将事业单位养老保险调整到与企业一致。但从整体上来分析，退休前的事业单位人员比国企职工，特别是比垄断性国企职工的工资要低很多，退休后的事业单位人员享受的养老金待遇，比一般企业职工优越，但比公务员、垄断性国企的职工还是要差一些，所以绝大部分事业单位人员都不愿意被划归至企业，如果只是单纯采用"一刀切"的方式进行改革无疑会遭受巨大的阻力，将会减缓改革的速度。

四、文化事业单位存在问题的解决对策

（一）继续改革与创新，加快法律法规建设

体制改革是一个漫长而艰难的过程，长期的计划经济留下的惯性依然存在。

因此，要首先对长期以来的传统思想进行深入改革，让工作人员重新认识文化事业单位的角色和作用，打破官本位、铁饭碗、平均主义、等靠要的错误观念。其次，要继续坚持政事分开、事企分开原则，理顺政府与事业单位、事业单位与企业的关系；各地要下决心、动真格地进行人事制度的改革，而不是走形式、做样子。另外，对人事管理制度要大胆创新，要建立符合文化事业单位性质和特点的新体制，包括人员聘用制度、岗位管理制度、绩效考评制度、兼职管理制度等。最后，加快对人事管理相关法律法规的建设，尽快出台《事业单位人事管理条例》对人事管理问题进行统一规范，此外各个单项的政策法规也要抓紧制定，构建出完整的法律体系。

（二）完善聘任制度与岗位管理制度

首先，要对事业单位人员补充实行严格控制，坚持按照公开、平等、竞争、择优的原则进行人员的聘任工作，完善和落实聘用回避、合同期限、试用期、解除与续签合同等制度。其次，政府要对人事权下放，文化事业单位要能对人员具有一定的决定权。对聘任方式要进行创新，选择差异性的招聘方式，针对不同的人员要根据实际情况采取不同的录用方式。另外，在环节上导入先进的人事管理理念和技术方法，可以采取聘请人事管理专家指导的方式弥补管理者缺乏人事管理的专业知识和技术方法的问题。

在岗位管理制度方面，坚持科学合理、精简高效的原则。可在原有的三种岗位结构的基础上探索建立不同类型文化事业单位岗位结构比例和等级调整办法，如：可以增加公益性岗位或临时兼职岗位。另外，对不同岗位要制订详细的岗位职责说明书，做到职责明确。

（三）建立科学合理的工资福利制度

工资福利制度是吸引人才和留住人才的一项重要制度，所以文化事业单位首先要构建科学合理的薪酬制度，其中绩效工资制度要真正发挥激励和约束作用，工资制度要与绩效考评机制紧密联系作为解除、续聘、晋升的基本依据。此外，也可大胆创新对不同类型的文化事业单位实行不同的工资管理办法，对一些关键岗位、高层次人才、业务骨干和做出突出成绩的人才要在工资上给予倾斜，打破平均主义。再者，要完善社会保障机制，解决人员流动的"后顾之忧"。解决事业单位养老改革问题重点在于缩小机关、事业和企业退休人员之间的养老待遇差距。这就需要一方面逐渐提高企业职工的养老金，同时把公务员养老金的改革"联动"起来，避免互相攀比，减轻改革阻力。

第四节 事业单位人事管理信息化建设

时代不断进步，信息化建设成为人事管理工作的主要发展趋势之一。在人事管理工作中进行信息化建设可保证人事信息采集的完整性，还可高效处理相关信息。事业单位需要适应形势变化，重视信息化建设。

一、计算机技术应用于人事管理工作的社会价值

计算机技术发展逐渐成熟，该技术应用范围较广泛，可完成人力无法完成的工作，同时该种技术具有科学性和高效性，为各个企业和事业单位提供便利。对于事业单位而言，可优化人事管理的工作方式，保证该项工作的智能化和信息化。应用信息技术于人事管理工作具有积极的作用，主要体现在以下几方面：

（一）完整、正确地采集人事信息

对事业单位而言，人事信息处于动态变化态势，经常有人入职、调离或退休等。对此，人事管理部门需深入了解信息变化态势。对繁杂的信息，如用传统的工作方式进行统计难以满足现代化工作需求。可积极建立信息管理系统为人事部门的工作提供便利，录入相关信息，还可保证信息的准确性；此外，在必要时可查阅相关资料，还可进行反复使用，能有效提高信息采集的效率，减少信息错误率。

（二）科学、高效地处理人事信息

众所周知，事业单位的人事管理工作具有一定难度，涉及的内容较多具有复杂性，包括劳资管理、岗位设置、招聘、绩效工作等内容，不同的数据间相互独

立的同时具有一定联系,如仅通过人力进行管理难以保证工作效率并易出现失误。因此有必要用信息化手段进行管理,在收集所需的信息后,可用信息技术进行合理、高效的处理,最终达到提高工作效率的目的。

（三）及时、准确地报送人事信息

如今上级人事单位管理部门加大管理力度,开始重视调研其他人事工作管理效果。需其他人事部门递交一些表格、信息等,具有一定时效性。在收集信息进行统计的工作时,具有一定难度,因此信息处于动态变化态势,每项数据会随着时间的变化而变化,容易增加管理难度。对此可用计算机技术保证信息的时效性和准确性,能为上级主管部门提供有效信息,保证相关工作的顺利进行。

（四）制订科学的人事考核机制

众所周知,人事工作与每个工作人员的利益息息相关,现阶段各个事业单位已用信息技术制订相关人事考核机制,为人事决策提供有力支持,通过数据库了解工作人员的详细信息,包括工作经历和业务水平等,对其进行考核可保证人事决策的合理性。

二、人事管理信息化建设存在的问题

（一）部门间的融合存在难度

结合实际情况而言,事业单位的人事管理工作具有全面性,涉及多个部门。人事工作主要是由人事部门进行管理,但是其人员编制和财政资金等方面需其他部门进行参与和协助,比如财政部门需协助人事部门管理财政资金方面的问题,编办部门需协助人事部门进行人员编制的管理。不同部门间的管理模式可能存在差异性,其管理方式也可能不同,所以多个部门进行协调和对接的过程中,可能出现一些问题,具有一定难度,对此需进行信息化建设,充分考虑不同部门管理模式的差异性,保证其协调效果。

（二）员工信息化意识不足

现阶段社会发展迅速,生活和工作都迎来新的机遇。但结合实际情况而言,一些事业单位工作人员的意识和思想没有与时俱进,其思维的转化速度难以跟上时代发展的步伐。一些事业单位中的工作人员存在信息化意识淡薄的问题,难以正确看待信息化建设的内容。这就导致信息化建设工作在落实过程中,难以发挥其自身效应,这种情况易妨碍信息化建设工作,最终使人事管理工作达不到预想的效果,难以提高单位的实力和竞争力,不利于事业单位的长效发展。

(三)与改革需求有出入

如今我国已开始重视信息化建设,在信息化发展战略的指导下,各事业单位逐渐实现优化和完善,其相关机制也发生了变动,已从以往的"终身制"逐渐转变为"岗位聘用制";此外,公开招聘制度逐渐成熟,这种情况导致事业单位内部工作人员的流动逐渐频繁。结合当下的情况进行分析,一些事业单位依然应用自身管理的模式,其人员流动不够合理。同时,有一些事业单位没有对人事制度相关内容进行完善,这种情况使得事业单位的聘用和解聘方面存在一些问题。

(四)信息化水平有限

我国信息化建设水平不断提高,但结合事业单位发展的实际情况而言,其信息化系统建设水平有限,同时信息化系统的功能也不够完善,这种情况导致事业单位的信息化建设效果达不到预期标准;与此同时,随着时代的发展,人事管理工作内容逐渐增多,对信息化建设工作提出高要求。结合实际建设情况而言,从事信息化建设的工作人员不足,同时其专业能力有限,导致信息技术在人事管理部门难以有效融合。这些问题均导致信息化建设工作水平难以提高。

(五)信息化建设投入不足

事业单位随着社会的发展,开始重视自身优化和创新。在事业单位进行改革、优化的过程中,容易忽视信息化建设工作,这种情况导致对信息化建设的投入力度不足、导致难以提升信息化建设效果,影响人事管理工作水平;此外,一些事业单位的制度不够完善,易使人事管理工作出现混乱情况,导致信息化建设效果不佳,不利于事业单位的发展。

三、加强事业单位人事管理信息化建设的措施

（一）建立和完善管理制度

若想优化信息化建设的效果，事业单位有必要建立健全自身的管理制度，为信息化建设工作提供有力支持和保障。在事业单位的发展过程中，人事管理工作具有重要作用，所以需要重视人事管理部门的优化工作，大力进行信息化建设，同时制订有效的管理制度，引导工作人员积极、主动地学习管理思想，通过这种方式逐渐提高人事管理的水平，有助于事业单位的长效发展，为国家的发展和进步提供有力支持。比如现阶段已有越来越多的事业单位开始应用现代化、信息化的软件进行办公，应用钉钉等软件进行打卡管理，有助于提高人事管理工作效率。对医院和院校等特殊单位，其管理的人员较多，并且管理工作相对复杂，所以需结合单位自身情况建立人事管理系统，逐渐实现全面信息化。

（二）转变思想观念

若想提高信息化建设效果，需积极转变企事业员工的思想观念，引导其正确看待信息化建设工作，对此，事业单位的领导人员需加大支持力度，促进事业单位的改革和创新。通过提高员工的思想观念，优化事业单位的工作方式，完善其工作内容，大大降低信息化建设工作的难度，实现预期效果。这就需强化工作人员的信息化观念，可分层进行。首先，事业单位的领导人员需形成信息化观念，有了领导人员的支持才可提高工作效果。领导人员需站在发展的角度，重视信息化建设养成良好的工作习惯，积极应用数据资料和信息，有助于保证工作方案制订的有效性；其次，需强化人事工作者的信息化观念。众所周知，人事工作者与人事管理工作效果息息相关，他们是信息系统的应用者，所以必须强化人事工作者的信息化意识，使其可灵活应用多样化的数据处理方法，能有效挖掘可靠信息，进而为人事管理工作提供有力支持；此外，树立信息化意识可保证信息系统维护的效果，还保证管理工作的水平，真正将信息化建设落到实处；最后，需要强化单位职工的信息化观念，在事业单位中只有基层工作人员树立正确的信息化观念，内化了信息化管理模式，积极参与信息化建设，才可落实相关工作，实现

良性循环，进而促进事业单位的稳定发展。

（三）强化队伍建设

众所周知，事业单位的人事管理工作具有保密性和政策性。这就需相关管理人员具备专业的知识和技能。首先，可在招聘过程中对应聘者进行考量，考察其专业能力和综合素质，了解其创新能力、可塑性等条件，以此来保证人员招聘工作的有效性；其次，需做好岗前培训，可结合实际工作内容进行培训，提高工作人员的专业能力；最后，可定期进行培训。事业单位应积极要求专家和学者进行培训和宣讲，以此提高工作人员的综合素养，不仅重视培养其工作技能，还强化其职业道德和思想品质，使其树立正确的价值观念，能秉承积极的态度进行工作，同时培养其责任心，有助于保证信息化建设工作的有效性。

（四）强化信息化安全建设

信息化安全建设工作十分重要，与事业单位的发展息息相关，可从以下几个方面入手：首先，用制度保障安全，也就是构建人事信息资料信息化管理安全标准；其次，构建硬件安全保障体系。要积极建立恢复机制，不断强化数据备份工作，逐渐规范借阅机制，有效提高信息储存和应用的安全性；与此同时，需建立符合标准的防火墙等，以防信息入侵等情况；再次，应积极进行安全教育工作，使工作人员逐渐形成安全意识，学会安全技术并应用；最后，将人事信息分开储存，保证信息数据的安全性。

（五）依托系统建设，提升管理信息化

对事业单位的人事部门而言，可结合系统建设情况，不断提升管理信息化水平。首先，应结合业务内容，建立全面化的管理系统，包括劳资管理、招聘任务、职务调整、社保管理等方面的内容，尽量将所有工作人员的信息包含在内，汇集到该系统中，主管部门可结合不同模块进行业务审批工作；其次，优化管理流程，使其逐渐标准化，有效减少现场业务的环节，能实现网上便利；最后，需加强统筹协调工作，保证其协调效果，进而提高工作效率。

（六）巧妙应用大数据技术

积极应用大数据技术可有效提高信息化建设水平，对事业单位的人事档案管理工作而言，其工作量较大，且工作效率不高，对此，可积极应用大数据技术，以此提高人事档案管理工作水平，保证信息得到有效利用，实现信息化建设的目的；此外，劳资管理工作复杂而繁重，需通过信息化手段提高管理效率、降低管理成本、减少管理失误。利用大数据技术可对劳资管理现有的信息资源进行分析和提炼，有助于优化劳资管理的总体规划。

（七）加强信息化系统建设

1. 系统化建设需要遵循的原则

首先，建设信息化系统需遵循适用性原则，不能一味追求先进性。因为信息化系统建设的成败并不在于信息技术是否先进，而是在于其应用的技术是否可为自己所用。因此，有必要坚持适用性原则，尽量选用可满足实际需求的设备和技术；其次，需遵循渐进性原则。众所周知，信息化系统建设是一个持续性任务，不可急于求成，需围绕着建设的整体规划以及每个阶段的目标进行建设，通过这种方式不仅可减少投资成本，还可有效缩短建设周期，最大程度地降低建设风险；最后，需坚持安全性原则。众所周知，信息安全是信息化系统建设的关键环节，因此，需安全保密的原则，建立相应的安全机制，提高信息工作者的安全意识；此外，可用技术手段对系统进行加密，保证资料和信息的安全。

2. 具体实施措施

首先，可以以人事档案为基础，建立合理的人员基础信息库。众所周知，人事档案是管理工作的主要信息来源，也是具有法律效用的原始证明。通常情况下，人事管理部门需结合这些资料进行选人和用人。所以，需以人事档案为基础，建立出相对完善的人员基础信息库。详细而言，在建立信息库的过程中，需严格按档案管理的相关规定进行工作，需对人事档案进行整理，按一定规律进行整合。接下来将人事档案资料纳入计算机管理中。若想保证数据传输的通畅性，就需逐渐实现资源共享，在信息数据采集和处理的过程中，统一标准和应用软件等内容，同时，在建立数据库的过程中，不断优化维护制度，及时更新数据信息，保证数据库的有效性；其次，可以以日常人事工作的内容为基础，建立完善的认识管理信息系统。对此，可结合人事管理工作的实际内容，应用相应的人事管理软件，通过模块的方式建立满足要求的信息系统。其系统功能主要包括档案管理、工资管理和人员招聘管理等内容；再次，可以以综合服务为基础，结合实际情况搭建人事信息咨询服务平台。积极利用局域网和互联网等技术，将人才供求信息等内容与其进行连接，搭建一个具有完整性和综合性的人事管理信息系统，切实实现人事管理信息共享。不仅可为各级领导的决策提供支持，还可为职工提供信息查询的服务；最后，可以以实际需求为基础，选择并应用合适的硬件设施和软件系统，在选择过程中，需结合实际情况选择合适的软件和设备，积极克服"设备高档、软件求新"的错误观念，只要可满足人事管理工作的需求就是合适的软件和设备。

参考文献

[1] 丁晶晶. 分类改革背景下的事业单位人事管理[M]. 北京：社会科学文献出版社，2019.

[2] 滕玉成，于萍. 公共部门人力资源管理[M]. 上海：复旦大学出版社，2018.

[3] 章小波. 公共部门人力资源管理[M]. 广州：广东人民出版社，2017.

[4] 谭融. 公共部门人力资源管理（第 3 版）[M]. 天津：天津大学出版社，2017.

[5] 宋晓梅，吕瑛副. 公共部门人力资源管理案例分析[M]. 呼和浩特：内蒙古大学出版社，2016.

[6] 唐志红. 人力资源招聘·培训·考核（第 3 版）[M]. 北京：首都经济贸易大学出版社，2017.

[7] 骆雪娇. 行政事业单位绩效考核管理工作研究[M]. 北京：经济日报出版社，2019.

[8] 蔡文. 公共部门人力资源管理[M]. 上海：复旦大学出版社，2017.

[9] 倪星，谢志平. 公共部门人力资源管理[M]. 沈阳：东北财经大学出版社，2015.

[10] 宁宁. 公共人力资源与政府绩效管理优化[M]. 长春：吉林人民出版社，2021.

[11] 杨艳东. 公共部门人力资源管理[M]. 开封：河南大学出版社，2013.

[12] 张强，吴克昌. 公共部门人力资源管理[M]. 武汉：华中科技大学出版社，2013.

[13] 廉茵. 公共部门人力资源管理（第 2 版）[M]. 北京：对外经济贸易大学出版社，2013.

[14] 于军，林雨萌. 事业单位提高绩效考核管理效力的探讨[J]. 财经界，2023（21）：168-170.

[15] 左琳. 事业单位创新人力资源管理与完善干部教育培训工作机制的有效途径[J]. 商业2.0, 2023 (01): 17-19.

[16] 王静. 事业单位人事制度改革的创新发展路径[J]. 人才资源开发, 2023 (07): 68-70.

[17] 刘静. 机关事业单位编外人员管理现状及应对策略[J]. 现代企业, 2023 (04): 108-110.

[18] 刘媛媛. 机关事业单位编外人员管理存在的问题及其对策[J]. 老字号品牌营销, 2023 (07): 61-63.

[19] 苏辉煌. 事业单位编外合同制人员管理模式改革研究[J]. 商业观察, 2022 (23): 71-73.

[20] 王庄. 科研事业单位人事管理问题及对策探究[J]. 科技创业月刊, 2022, 35 (02): 109-111.

[21] 李雪云. 事业单位工资制度探析[J]. 科技创业月刊, 2022, 35 (S1): 110-113.

[22] 廖晓琳. 事业单位招聘巧用结构化面试[J]. 人力资源, 2022 (06): 40-41.

[23] 胡妮嫚. 事业单位养老保险并轨现状及解决办法[J]. 中国市场, 2021 (21): 31-32.

[24] 许秋停. 事业单位岗位设置和岗位聘用中存在的问题与对策[J]. 中国产经, 2021 (10): 112-113.

[25] 蒋本莺. 关于事业单位职称评聘管理的思考[J]. 质量与市场, 2021 (21): 82-84.

[26] 徐秀军. 有效化解医疗卫生事业单位职称评聘难题[J]. 人力资源, 2020 (10): 75-77.

[27] 柳毅英. 事业单位职称管理问题探究[J]. 商讯, 2020 (04): 155+157.

[28] 池霏霏. 事业单位人事制度改革历程与展望[J]. 中国人力资源社会保障, 2019 (03): 34-37.

[29] 陈芳. 事业单位职称评定问题的研究[J]. 人力资源, 2019 (10): 49-50.

[30] 俞贺楠. 我国事业单位人事制度相关改革发展历程[J]. 人事天地, 2015

(04): 19-23.

[31] 朱海祺. 职业年金制度嵌入事业单位养老保险制度的研究[D]. 宁波大学, 2019.

[32] 陈伟. 新分类事业单位编制管理研究[D]. 江西师范大学, 2018.

[33] 刘世哲. 我国养老金并轨后职业年金完善研究[D]. 河北大学, 2017.

[34] 黄蓉芳. 我国事业单位聘用制改革存在的问题与对策研究[D]. 湖南大学, 2013.

[35] 范国俊. 当前我国事业单位人事制度改革研究[D]. 河南大学, 2009.

[36] 彭争艳. 论我国事业单位人事制度改革[D]. 湖南师范大学, 2009.

[37] 刘晓苏. 事业单位人事制度改革研究[D]. 华东师范大学, 2009.

[38] 么瀚捷. 事业单位编制管理改革研究[D]. 东北大学, 2006.